首都圏東部域音調の研究

Pitch Accents in the Eastern Tokyo Metropolitan Region

林直樹
HAYASHI Naoki

笠間書院

目 次

第1部　東京東北部アクセントの多角的分析

第3章 東京東北部アクセントの分類とその変化プロセス
——クラスター分析を用いた話者分類結果から——

第2部　音響的特徴からみたあいまいアクセントと明瞭アクセントの関係性
――首都圏東部域を中心として――

第2章　音響的特徴からみた明瞭アクセント・あいまいアクセントの関係性
——下降幅と相対ピーク位置を指標として——

第3章　音響的特徴によるアクセントの型区別・ゆれの把握
——語間距離・語内距離を用いた検討——

第4章　首都圏東部域アクセントの「あいまい性」・「明瞭性」
——音響的指標に基づく分類結果から——

終章……*167*

はじめに

　本書は，東京東北部・千葉西部・埼玉東部といった「首都圏東部域」を中心に，フィールドワークによる調査に基づいた分析を行い，その音調実態を明らかにした上で，当該地域音調の変化，ならびに当該地域で指摘されている音調の「あいまい性」とは何かについて考察するものである。本書では，アクセントを主たる対象として分析するが，いわゆるアクセント型だけではなく音声面も問題として取り上げるため，それらを合わせた「音調」の解明を目標に掲げている。

　本書は2部7章から構成されており，第1部と第2部で内容が大きく分かれる。以下，それぞれの部の概要を述べる。

　第1部では，江戸川区・葛飾区・足立区といった東京東北部をフィールドとし，当該地域の実態を明らかにしようと試みた。分析は，すべて分析者の聞き取りによって行った。

　第2部は，フィールド・研究手法ともに第1部とは大きく異なる。まず，第1部でも調査を行った東京東北部だけでなく，千葉西部・埼玉東部まで含めた，首都圏東部域をフィールドとした。また，聞き取りによる分析ではなく，音響的指標に基づく分析を行った。

　本書の結果，ならびに意義は，大きく以下の3点となる。

　1）共通語化・東京中心部化が進んでいる2010年代においても，東京中心部に近い首都圏東部域にあいまいアクセント，埼玉特殊アクセント的特徴がみられることを述べた。このことは，首都圏方言に，東京中心部・共通語的な音調だけでない多様な音調が現れることを意味する。これらの記述は，首都圏方言の言語実態・言語動態の把握に寄与すると考えられる。

　2）これまで十分に明らかにされてこなかったともいわれている，アクセントの「あいまい性」とは何か，首都圏東部域を対象とした調査から考

察した。とりわけ，本書では「ゆれ」の程度や音響的指標といった，これまで中心的に扱われなかった特徴を分析することで，「ゆれ」が激しく，音響的指標が不明瞭といったような，アクセントの「あいまい性」を捉えることができた。この試みが，アクセントの「あいまい性」解明の足がかりとなると思われる。

3）聞き取りによる分析が主として行われているアクセント研究において，聞き取りによらない音響的指標を取り入れた分析手法が有効な場合もあることを示した。とくに，先行研究で指摘されてきた「不明瞭な高低差」や「ピークの位置」を指標化し，分析することで，首都圏東部域の「明瞭」「あいまい」の間の連続的な動態を明らかにすることが可能となった。

　さらに，これらの音響的指標の算出方法や指標化にあたっての手順を詳述することで，同様の手法による検証や応用を行えるようにした。

　終章では，以上の結果を基に，日本諸方言アクセントについての考察も試みる。これにより，本書の知見が首都圏東部域以外の音調把握に役立つ可能性があることを述べる。さらに，今後の研究の方向性・課題も示していく。

凡例

1. 参考文献の示し方

　参考文献を文中で示す場合，著者の姓名の後に（ ）で発表年を表した。なお，同一著者で同じ発表年のものがある場合は，発表月も明記した。

　参考文献一覧は本論文末に一覧で示している。並び順は和文書籍・論文の場合は50音順，英文書籍・論文の場合はアルファベット順とした。

2. 引用の方法

　文献を引用する場合，仮名遣いは現代仮名遣いに改め，旧字体は新字体に置き換えた。送り仮名については，原則引用元の文献どおりとした。

3. アクセントの表記方法

　本論文中でアクセントを表す場合は，以下のいずれかの方法によった。

3.1. 音調型を示す方法

　アクセントの具体的な高低を示す場合は，「音調型」（上野善道, 1989）という語を用いる。表記の際は，高い拍を●やH，低い拍を○やL，中程度の拍を◎やM，拍内下降が生じた拍は◐やFで表す。

　　例：端が○●●・LHH，橋が○●○・LHL，箸が●○○・HLL

3.2. アクセントの下がり目を示す方法

　アクセントの下がり目を表す際は，以下のいずれかの表記方法を採る。

1)　アクセントの下がり目の位置をアラビア数字で示す：雨が1型
2)　アクセントの下がり目の位置を「]」で示す：ア]メガ（雨が）

序章

1. 本書の目的

　本研究は，東京東北部・首都圏東部域を対象とした面接調査データを用い
て当該地域アクセントの実態を把握し，アクセント変化のプロセスやアクセ
ントの「あいまい性」・「明瞭性」の関係性について明らかにしようとするも
のである。本研究の大きな目的は，以下の3点である。

　　[1]　東京東北部・首都圏東部域を中心とした地域アクセントの実態把握
　　[2]　アクセントの「あいまい性」・「明瞭性」を解明するための音響分析
　　　　手法の確立と，確立した手法を用いた分析
　　[3]　客観的手法によるあいまいアクセント・明瞭アクセントの分類とそ
　　　　の関係性の考察

　東京東北部は東京中心部に隣接しているにも関わらず，「型のゆれ」や「不
明瞭な高低差」といった，東京中心部アクセントとは異なる特徴が出現する
ことが指摘されてきた（金田一春彦，1942）。しかし，当該地域を中心とした調
査・分析は，1980年代以降十分に行われておらず，こんにち的なアクセント
の実態解明が課題となっていた。当該地域アクセントで共通語化・東京中心
部化といった変化が起き，同一地域内においても多様なアクセントが生じて
いることも考えられるものの，そのような動態把握も十分ではなかった。
　以上のような背景から，本研究では，東京東北部・首都圏東部域を対象と
し，アクセントの実態把握に基づいてアクセント変化のプロセスやアクセン
トの「あいまい性」・「明瞭性」を明らかにするための研究を行うこととした。
本研究によって，首都圏におけるアクセントの実態把握，アクセントのゆれ
や変化が激しい地域における動態解明，ならびにアクセントの「あいまい性」

の要因を考察するための手がかりを得ることもできると予想される。

2. 調査・分析対象地域

本研究では大きく2種類の調査を行った。まず、第1部では、東京東北部（江戸川区・葛飾区・足立区）の生育者を対象に、面接調査を行った。

上記した3区は、加藤正信（1970）において「郊外」と形容されている地域である。明治期までの行政区画上でも、東京市15区に含まれておらず、伝統的な「東京弁[*1]」話者の範疇には入っていない。また、東京東南部の低層地域である京橋・日本橋・神田・下谷・浅草・深川・本所・芝といった、いわゆる下町からも外れている地域である（秋永一枝編、2007）。近年では「新下町」と形容されることもあり[*2]、従来東京の代表的な地域として言及されてきた山の手・下町といった地域とは異なる特性を有するといえる[*3]。

当該地域は、言語的な特徴も東京中心部とは差異があることが指摘されている。音声面において違いが顕著だと指摘されているが、とりわけアクセントは、埼玉特殊アクセント（金田一春彦、1942；1948）的特徴がみられるとされてきた。

以上のように、東京中心部に隣接しながらも特殊な地域特性・言語的特徴を有する点において、東京東北部は本研究における調査地点として適していると考えた。

第2部における調査では、首都圏東部域を調査対象とした。ここで首都圏東部域とするのは、第1部で対象とした東京東北部に千葉西部・埼玉東部を加えた地域一帯である。これらの地域は、金田一春彦（1942；1948）によって埼玉特殊アクセント的特徴が出現すると指摘されている。具体的に指摘がある地域は、以下のとおりである。

［1］埼玉県東部の大部（南埼玉郡の大部、北葛飾郡の南部以南、北埼玉郡の一部か、北足立郡の東部、その他）
［2］東京府東隅の所々（旧足立郡花畑村、旧南葛飾郡葛西村）
［3］千葉県西隅の所々（東葛飾郡浦安町・梅郷村等）

［1］-［3］の地域は，田中ゆかり（2010）において，「「首都圏」に位置しながらも，明瞭な型区別をもつ「京浜系アクセント」とは体系を明らかに異にする「埼玉特殊アクセント地域」を分析対象地域から除外する。」(p.8) と，分析対象外になった地域でもある。そのため，本地域の調査・分析により，首都圏西部域を広範に調査・分析した田中ゆかり（2010）と合わせて，首都圏広域におけるアクセントの実態解明を進めることができると考えられる[*4]。

2.1. 調査概要

　以下では，本研究で行った調査の概要を，第 1 部において行った2010年東京東北部調査，第 2 部において行った2013-2014年首都圏東部域調査と，それぞれ述べていく。

2.1.1. 2010年東京東北部調査

【調査時期】2010年 8 月-11月

【調査対象】東京東北部（江戸川区・葛飾区・足立区）で言語形成期を過ごした若年層（20-30代）31人，中年層（40-50代）12人，高年層（60代-）44人，計87人。

　高年層は 5 -15歳までに当該地域で生育した話者，中・若年層は言語形成期内での外住歴が 2 年以内の話者を分析対象とした。言語形成期内の外住歴があるのは若年層 2 人（5 - 6 歳までを東京都墨田区で過ごした話者が 1 人，6 - 7 歳までを埼玉県・栃木県で過ごした話者が 1 人）のみである。言語形成期後の外住歴や両親が当該地域生育者かどうかなどについては考慮していない。

　高年層の調査時平均生年は1937.5，平均年齢は72.3歳，中年層の調査時平均生年は1957.2，平均年齢は52.5歳，若年層の調査時平均生年は1985.1，平均年齢は24.8歳であった。

【調査方法】質問紙を用いたリスト読み上げ式の面接調査法。発話形式は

　　1 ）単語単独

　　2 ）「ガ」付き短文

を依頼した。発話の際は基本的に 1 文につき 1 回の発話を依頼したものの，同音異義語を混同した場合やⅣⅤ類で埼玉特殊アクセント型が出現した場合，

また高低差が微妙で下降位置の判定に迷った場合などは複数回の発話を依頼した。

　調査を中断したケースも存在するため，各調査語のサンプル数は均一ではない。

【調査場所】調査は基本的に話者宅か，公共施設の会議室などで行った。音声の録音はデジタル録音器（ZOOM H4n）を用い，マイクは備え付けのものを使用した。

【調査地点】

図1：東京東北部調査地点（高年層）

2.1.2.　2013−2014年首都圏東部域調査

【調査時期】2013年4月−2014年8月

【調査対象】首都圏東部域（東京東北部・埼玉東部・千葉西部）で言語形成期を過ごした高年層（60代−）37人，東京中心部で言語形成期を過ごした高年層7人，

計44人。話者の平均生年は1938.7で，調査時の平均年齢は74.5歳であった。

　調査対象者のうち，5－15歳までに当該地域で生育した話者を分析対象とした。言語形成期内の外住歴があるのは2人（12歳に新潟県で過ごした話者が1人，11-12歳までを埼玉県で過ごした話者が1人）のみである。言語形成期後の外住歴や両親が当該地域生育者かどうかなどについては考慮していない。

【調査方法】質問紙を用いたリスト読み上げ式の面接調査法。発話形式は

　　1）単語単独

　　2）1拍助詞付き短文

　　3）2拍助詞（カラ・マデ）付き短文

　　4）1拍助詞付き言い切り

　　5）2拍助詞（カラ・マデ）付き言い切り

を依頼した。発話の際は基本的に1文につき3回の発話を依頼し，発話文は1）〜3）と4）・5）をランダムに入れ替えて提示した。中には3回以上発話した場合もある。

　調査を中断したケースも存在するため，各調査語のサンプル数は均一ではない。

【調査場所】調査は基本的に話者宅か，公共施設の会議室などで行った。録音には，デジタル録音器（ZOOM H4n）を用いた。マイクは，録音器に備え付けられているものか，卓上スタンドKIKUTANI MH-5に固定したAKG1000Sを主に使用した。デジタル録音器備え付きのマイクを使用する場合は，卓上で話者の方向にマイクを向けるようにし，位置は話者から50cm-100cm程度の距離に置いた。外付けマイクを使用する場合は，話者の口元30cm-100cm程度の位置にセットした。

【調査地点】

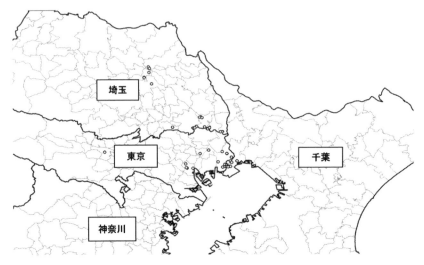

図2：首都圏東部域調査　調査地点（広域図）

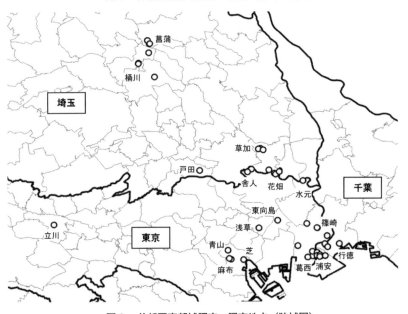

図3：首都圏東部域調査　調査地点（狭域図）

3. 本研究の方法

　調査概要に示したように，本研究における調査は，すべて面接調査である。調査対象とした話者の発話を聞き取りながら記録するには最も適した調査方法であるため，この方法を採った。

　調査は，おおむね5歳－15歳までの言語形成期を当該地域で過ごした，"生え抜き"と呼ばれる方々に依頼した。対象となる年層はそれぞれの部によって異なる。

　第1部は若年層（20代－30代）・中年層（40代－50代）・高年層（60代－）の3年層とした。これは，当該地域内における年層差をみることを研究目的の一つとしたためである。

　第2部では，首都圏東部域生育の高年層（調査時60歳以上）の方を調査対象とした。これは，第1部の分析において，当該地域では高年層の話者に地域アクセントの特徴が色濃く表出することが判明しており，そのような特徴をつかむことが最優先であると考えたためである。

　どちらの調査でも，調査時のサンプルの抽出は有意抽出とした。これは，無作為抽出ではいわゆる生え抜きとなる調査対象者を探すことが困難になるためである。

　分析方法は第1部・第2部それぞれで異なる。まず，第1部では，主に著者自身の聴覚印象により音調型の認定を行い，その音調型の出現傾向を分析した。聞き取りが困難な音調型や音声が不明瞭なものについては，ピッチ曲線を視認しながら音調型を判定していったが，判断に迷う際は聴覚印象を優先した。

　第2部では，あいまい・不明瞭なことが特徴である当該地域音調を分析するために，音響的な分析方法を採ることとした。分析するための指標として用いるのは「下降幅」「相対ピーク位置」の二つだが，本指標の詳しい説明，ならびに指標化の方法は第2部第1章で述べる。

4. 東京東北部・首都圏東部域のアクセント

　東京東北部・首都圏東部域におけるアクセントの研究は，埼玉特殊アクセント分布域を除けば多くなく，金田一春彦（1942）のように，広域における

調査の中で触れられる程度である。以下では，当該地域音調の特徴について概観する。

　首都圏東部域を含む関東広域のアクセントについて調査し，その実態を明らかにした研究が金田一春彦（1942）である。この研究により，東京中心部・首都圏西部域には「京浜アクセント」が，関東北東部の栃木・茨城には「無アクセント」が，そしてこれらの地域に挟まれるようにして，首都圏東部域には「あいまいアクセント」の一種である「埼玉特殊アクセント」が分布することが明らかになった（図4）。

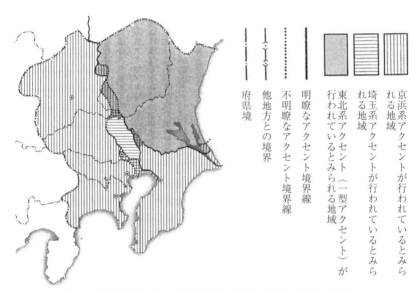

図4：関東地方アクセント分布略図（金田一春彦，1942：325）

4.1. 埼玉特殊アクセント

　首都圏東部域のあいまいアクセント地域において，とくに埼玉東部域は東京中心部とは明瞭に異なるアクセントが出現するとされ，以後「埼玉特殊アクセント[*5]」として言及されることとなる。典型的な地域とされたのが蓮田・久喜・草加といった地域で，これらの地域は2拍名詞のアクセント型に以下のような違いがみられるとされている。

表1：2拍名詞における共通語アクセントと埼玉特殊アクセント
（金田一春彦（1942；1948）の記述を大橋純一（1996）がまとめたもの）

類	埼玉[6]	久喜式	草加式	東京式
I	●○・●●▽	●○・○●▽	●○・●●▽	○●・○●▼
II III	●○・●○▼	●○・○●▽	○●・○●▽	○●・○●▽
IV V	○●・○●▽	○●・○●▽	○●・○●▽	●○・●○▽

　表1に示したとおり，埼玉特殊アクセントの典型例は，東京式アクセントの典型例と比べると高低配置がほぼ反対になっており，「近畿アクセント等と似た所がある」「東京・横浜等のアクセントと著しく対比する」（金田一春彦，1942：295）点が特徴とされる。ただし，埼玉特殊アクセントはアクセント型の区別が明瞭であるものの，京浜アクセントに比べるとそれほど明瞭ではないことも指摘されている（金田一春彦，1942：296）。久喜式・草加式といったその他のアクセントも，東京式アクセントに比べると型の区別が明瞭ではないことが特徴とされているため，埼玉東部のアクセントは全体として型の区別が明瞭ではない点が特徴であるといえる。

　金田一春彦（1942）の調査データを用いて，埼玉東部域に分布する特殊アクセントについて詳細に述べたのが，金田一春彦（1948）である。ここでは，埼玉東部域の特殊アクセントの典型的な地域である蓮田地域のアクセントの記述が中心になされている。また，その実態把握を通じて，埼玉特殊アクセントが東京中心部アクセントから変化したタイプであるという成立過程についての考察がなされた。

　以上の研究を起点として，埼玉特殊アクセントは「学問的に重要な位置を占める[7]」と言及されるようになり，現在まで盛んに研究が行われている（木野田れい子，1972；上野善道，1977；柴田武，1983；大野真男，1984；大橋勝男，1984；荻野綱男，1993；吉田健二，1993；大橋純一，1995；1996；飯島一行，2000；2001；亀田裕見，2014；三樹陽介，2014）。これらの研究では，主に特定地域のアクセントの実態解明がなされているが，世代間比較によって当該地域における東京中心部化・共通語化を指摘した研究（木野田れい子，1972；大橋純一，1996）もある。この中では，典型的な埼玉特殊アクセント地域における調査がなされ，高年

層は埼玉特殊アクセントがみられるものの，中年層・若年層になるにつれてほぼ東京中心部・共通語アクセントに変化することが述べられている。

4.2. 東京東北部・首都圏東部域のアクセントの連続性

　上記の埼玉特殊アクセント地域ほどではないが，東京東北部・首都圏東部域のアクセントも1970・80年代を中心に研究がなされている。

　清水郁子（1970）における研究では，本研究で東京東北部とする地域を「荒川放水路左岸」（p.159）に区分し，23区の中でも他の20区とは異なるアクセント地域として扱っている。とくに江戸川区葛西地域のアクセントについて詳細に述べており，この地域のアクセントが不安定であること，追調査においては東京中心部化・共通語化の傾向がみられたことを指摘している。

　東京東北部と埼玉特殊アクセント近接地域のアクセントの実態を分析したものとしては，加藤正信（1970），小沼民江・真田信治（1978），都染直也（1982；1983）がある。加藤正信（1970）では，東京東北部を「郊外」と位置づけて分析を試みている。この中では，埼玉・千葉と隣接する東京東北部（足立区・葛飾区・江戸川区）を東関東方言に準ずるものとみなし，「東京から最も近くでズーズー弁的な特徴が聞かれる」，「標準語，東京語との違いが際立っており」（p.65）などと，東京中心部との言語的差異が強調されている。

　また，都染直也（1983）では，東京東北部・埼玉東部に加え，千葉西部も調査対象とされ，首都圏東部域の広域のアクセントについて検討がなされている。高年層・若年層の世代間比較においては若年層に東京中心部化・共通語化が著しいことも指摘されている。この中では，発話調査だけではなく合成音声を利用した聴取実験もなされており，当該地域アクセントを多角的に研究している。

　東京中心部のアクセントとは異なる音調やゆれが現れるのは埼玉東部域に近接する地域だけではない。グロータース（1959）では，千葉広域を対象に分析を行い，言語地図によるアクセントの分布状況の類似度から，当該地域のグループを0−3までの4つのグループにまとめている。その中で，千葉の北と南に挟まれる「中央地区」に分布する「第1グループ」から「第3グループ」といったいくつかのグループにおいて，複数のアクセント型が現れ

ることを指摘している[*8]。

4.3. 関東広域における東京東北部・首都圏東部域

　金田一春彦（1942）のように，関東全域の方言について大規模な調査を行ったものに大橋勝男（1974‐1976：1989‐1992）があり，この中でも東京東北部や首都圏東部域は東京中心部・首都圏西部域とは異なるアクセントが分布していることが確認できる。また，あいまいアクセント・無アクセントが分布する関東広域のアクセントを調査対象とし，アクセントの分布境界として利根川を指摘した研究として，秋永一枝・佐藤亮一・金井英雄（1971）がある。ここでは，調査結果から当該地域アクセントを東京式アクセントから無アクセントまで5つのタイプに分け，その分布には利根川が大きな境界となっていること，同一地点においても複数のタイプが分布することなどが明らかにされている。

　井上史雄（1984.02）では，関東広域（福島・栃木・埼玉・東京）の話者を対象に，発話調査と合成音声を用いた知覚実験がなされている。調査は10代・30代・50代の3代に対して行われ，埼玉の50代の共通語得点は発話・知覚ともに低い結果が示されている[*9]。

　首都圏西部域を中心に調査された田中ゆかり（2010）の一連の研究にも首都圏東部域話者が含まれており，2拍名詞Ⅱ類（田中ゆかり，1993.12）・形容詞（田中ゆかり，2003）・Ⅰ類動詞連用形（田中ゆかり，2008）といったさまざまな項目で，首都圏西部域で主流となるアクセントとは異なる傾向がみられることも確認できる。

4.4. 東京中心部と東京東北部・首都圏東部域

　東京方言研究の中で東京東北部・首都圏東部域に触れたものとしては，秋永一枝（1957）がある。ここでは，東京中心部との比較対象として東京東北部の瑞江・金町・水元・花畑，首都圏東部域の浦安・行徳といった地域の調査が行われ，金田一春彦（1942）の調査から15年隔てた当時の若年層に「東京式アクセントへの交代」がみられるようになっていることを指摘している。

　また，東京全域を対象とした大規模な調査として東京都教育委員会編

（1986），大島一郎（1996），大島一郎・久野マリ子（1999），久野マリ子（2013）があり，東京東北部も調査対象域に含まれている。これらの調査結果からは，東京東北部と東京中心部との間に大きな差異は見出せないが，東京東北部は言語意識上において「下町」意識が強いことなどが示唆されている。国立国語研究所（1981）はアクセントを得点化し，調査対象者を「東京型」「中間型」「非東京型」に分類しているが，東京出身者にも「中間型」「非東京型」が13名存在することを述べ，そのうち5名は「言語形成期を過ごした地域に関係がある」（p.182）としており，江戸川区・足立区生育者がそれに該当すると述べている。

　また，稲垣滋子（1984）の研究では調布・深川・三鷹といった東京中心部・西部域の他に東京東北部である葛西が含まれている。ここでは形容詞アクセントの終止形−2型という新型出現傾向が分析対象となっているが，葛西はその出現数が少ないため，「最も保守的」（p.291）とされており，首都圏東部域の特徴として指摘されているような，埼玉特殊アクセント型は出現しないことがうかがえる。

5. 本書はどのように位置づけられるか

　上述のような地域特性やアクセントの特徴がみられる東京東北部・首都圏東部域であるが，本研究では，東京東北部・首都圏東部域に分布するとされるあいまいアクセントと明瞭アクセントの関係性について明らかにすることを主たる目的にしている。そのため，広くはあいまいアクセント・一型アクセント・無アクセントといった，不明瞭とされるアクセント広範を射程とした研究として位置づけられる。そこで，次にあいまいアクセント・一型アクセント・無アクセント研究の動向から，本研究の位置づけを検討していく。

　まず，これらのアクセント研究の研究状況を知るため，各種データベース[*10]で「あいまいアクセント[*11]」「特殊アクセント」「一型アクセント」「無アクセント[*12]」をキーワードに検索し，これまでに発表された論文の数[*13]を調べた結果を，図5に示す。

　図中のnは論文の本数を表している。

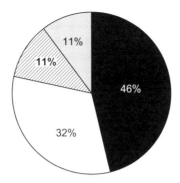

■無アクセント(n=49)　　□一型アクセント(n=34)
☑特殊アクセント(n=12)　　□あいまいアクセント(n=11)
図5：各アクセント論文発表数

　図5から，無アクセント・一型アクセントが不明瞭なアクセント研究の75%以上を占め，本研究で対象とする特殊アクセント・あいまいアクセント研究は，不明瞭なアクセント研究の中でも中心的に研究されているわけではないことがわかる。

　次に，図5で示した論文の中で，どの地域が研究の対象となっているかを確認していく。都道府県単位で対象となる地域を分類し，地域ごとに集計した（図6）。図6では，複数の地域を横断的に分析対象とする場合は「広域」として集計し，地域を特定できない場合は集計から除外した[14]。

　図6をみると，今回対象とする首都圏東部域は，埼玉を除き研究がなされていないことがわかる。しかし，埼玉は調査結果に含まれる地域の中でも7番目に多く論文が発表されており，とくに「特殊アクセント」研究では静岡に次いで研究が行われていることがわかる。また，全体の傾向では，「無アクセント」・「一型アクセント」を冠した論文数がほとんどの地域で多いのに対し，埼玉のみ「特殊アクセント」・「あいまいアクセント」を冠した論文が集中する。また，「あいまいアクセント」は最も論文数が少ないことに加えて，分析対象となる地域が北から山形・栃木・群馬・埼玉・和歌山・福岡と，一つの地域に集中していないことが特徴といえる。

　なお，最も論文数が多い静岡は，山口幸洋氏の一連の研究によるところが

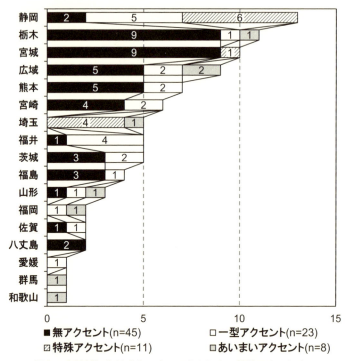

図6：各地域におけるあいまいアクセント・特殊アクセント・
一型アクセント・無アクセント論文発表本数

大きい。そのため，図6の結果は個人の研究者による集中的な研究が反映さ
れることもあるといえるが，埼玉はすべて異なる研究者によって発表された
ものであった。

　以上から，明瞭ではないアクセントを対象とした研究において，東京東北
部・首都圏東部域といった地域は注目されていないことや，全国においてそ
の出現が示唆されているあいまいアクセントもまとまった研究はなされてい
ないことがわかった。このことは，東京東北部・首都圏東部域といった地域
のアクセントや音調の実態が未だに明らかにされていないことや，あいまい
アクセントとその他のアクセントとの関係性についての考察が十分になされ
ていないことを表していると解釈できる。そのため，当該地域アクセントを

調査対象として分析を行うことは，首都圏におけるアクセントの実態解明に寄与するとともに，全国諸地域に点在する，不明瞭なアクセント・あいまいアクセントの「不明瞭性」や「あいまい性」を明らかにすることに繋がると考える。

6. 本書の構成
6.1. 論文の構成
　本書は，冒頭に序章，末尾に終章を置いた，次の2部構成となっている。

　第1部　東京東北部アクセントの多角的分析
　第2部　音響的特徴からみたあいまいアクセントと明瞭アクセントの関係性──首都圏東部域を中心として──

　第1部が冒頭に掲げた［1］の課題を解決すること，第2部が［2］［3］の課題を解決することを目的としている。終章では第1部・第2部の結果を受けた研究の総括・まとめ，総合的な考察を行う構成となっている。それぞれの部に含まれる章の内容は，各部の開始部分に記載している。また，各部の末尾では各部で明らかになったことのまとめと今後の課題も述べる。

6.2. 各部の概要
　第1部では，東京東北部に焦点を絞り，当該地域アクセントの実態を把握することを目的とした。この把握により，1980年代から調査・分析がなされてこなかった東京東北部において音調型がどのように表出されるのか，またそのような音調型は埼玉特殊アクセントやあいまいアクセントといった，東京中心部とは異なるアクセントとどのように関連しているのかを明らかにする。
　第2部では，第1部で実態解明を試みた東京東北部に加え，千葉西部・埼玉東部も含めた首都圏東部域のアクセントを分析していく。ここで明らかにしようと試みるのは，当該地域におけるアクセントの「あいまい性」・「明瞭性」の関係性である。当該地域における音声実態に基づいて「あいまい性」

を捉えるためには，聴覚印象による分析ではなく，客観的な手法が有効だと考えられるため，ここでは音響的な分析結果に基づき検討を加えていく。

　この研究によって，ゆれや微妙な高低差を伴うアクセントを客観的・定量的に捉えるための分析手法を提示することができると考える。そして，当該地域における「あいまい性」・「明瞭性」の関係性の分析を通じて，日本諸方言におけるアクセントの関係性や，変化プロセスについても新しい視点を獲得することを目指す。

　終章は，第1部・第2部の結果から，東京東北部・首都圏東部域における音調はアクセントの「あいまい性」のどのような面を表しているのか，また日本諸方言アクセント上どのような位置づけが行えるのかについて考察していく。また，本書の分析結果を受けた課題と，今後の研究の方向性について述べていく。

1　秋永一枝編（2004）では，東京弁の使い手を以下のようにまとめている（p.658）。

　　1　御一新から敗戦までに言語形成期を終わった人。

　　2　東京旧市内（東京旧十五区内）で言語形成期を過ごした人。

　　3　両親または保育者も，江戸墨引内か東京旧市内で生育の人。

　　江戸川区・葛飾区・足立区はいずれも東京旧市内に属さない新20区であることから，東京弁話者には該当しないことがわかる。

2　地域批評シリーズ編集部（2009）ではこの3区を「新下町」という一つの連続的な地域とみなしている。また，下町に近接する地域であるものの，旧市内から外れる新市内のことは「準下町」と形容されることもある（秋永一枝，1996）。

3　倉沢進・浅川達人編（2004）では，1990年時点において，江戸川区・葛飾区・足立区の3区いずれもホワイトカラー系住宅地区に区分される地区が少なく，ブルーカラー系住宅地区がほとんどを占めることが確認できる（pp.40-41）。この傾向は，東京23区の中でも東北部にとくに顕著である。また，東京東北部から埼玉の県境に沿ってブルーカラーベルトが北上することが指摘されており（倉沢進・浅川達人編，2004；玉野和志・浅川達人編，2009），地域的・経済的な特性としては，東京中心部よりも埼玉など周辺地域に近いことがうかがえる。

4　三井はるみ編（2014）でも，「東京都23区東部・埼玉県南東部・千葉県北部という

首都圏東部一帯に，共通語・標準語基盤方言とは異なる体系を観察することができ，その記述は現在も課題の一つである。」（p.ⅱ）と述べられている。

5　金田一春彦（1942）では「埼玉系アクセント」，金田一春彦（1948）では「埼玉県下の特殊アクセント」と呼称されているが，現在「埼玉特殊アクセント」という呼び方が慣例となっているため，以後このように言及する。

6　ここでの「埼玉」は蓮田地域のアクセントを代表例として提示している。

7　井上史雄（1984.06）・大橋純一（1996）・三樹陽介（2014）それぞれにおいて，日本語アクセントの中で重要な位置を占めるという言及がある。

8　ここでの分析結果を基にした「房総アクセント」の成立過程については，金田一春彦（1960）でも詳細な検討が加えられている。

9　ここでは，「共通語と一致もせず，また逆でもないアクセント（変なアクセント）」（p.138）の聞き取り結果を集計した結果，埼玉と栃木の50代の点数が高いことも言及されている。福島・栃木の無アクセント地域の話者は「アメLH」を「雨」，「アメHL」を「飴」と知覚することが多い結果を示していることと併せると，埼玉・栃木の話者はアクセントがあいまいであるため，東京中心部では聞き慣れない音調も自身の音調型として知覚することを示唆するとも考えられる。

10　日本方言研究会編（2005）『20世紀方言研究の軌跡』付録CD-ROM・CiNii・日本語研究・日本語教育文献データベースを使用した。最終閲覧日はいずれも2014年8月4日。

11　検索の際は「あいまいアクセント」「曖昧アクセント」どちらの表記も検索し，結果は「あいまいアクセント」としてまとめた。

12　検索の際は「無アクセント」「無型アクセント」二つの語を検索し，結果は「無アクセント」としてまとめた。

13　複数のデータベースで同一の論文がヒットした場合は，一つの論文としてカウントした。そのため，ここで示しているのは異なりの論文数となる。

14　分析から除外した論文は計24本。また，地域別集計をする中で，一つの論文の中で複数の地域が具体的に明記されていた場合は，それぞれの地域の論文としてカウントした。

第 1 部

東京東北部アクセントの多角的分析

第1部の目的

　第1部では，東京東北部アクセントの実態を把握するために，「ゆれ」や音調型といった指標によって，多角的な分析を試みる。

　第1部は，3章からなる。

　第1章では2拍名詞を対象とし，東京東北部アクセントに出現する音調実態と，その年層差・地域差について概観していく。第2章では高年層データに焦点を絞り，第1章で明らかになった音調実態・地域差について，より詳細に検討する。続く第3章では，第1章・第2章の結果を踏まえ，計量的・客観的なアプローチによる当該地域アクセントの分類を行う。これらの分析を通して，東京東北部アクセントに出現する非共通語・東京中心部的な音調型やゆれの実態把握と，アクセント変化のプロセスを明らかにすることが狙いとなる。

　以下，各章の目的と概要を示していく。

第1章　東京東北部のアクセント
——2拍名詞における音調実態と年層差・地域差——

　第1章では，東京東北部アクセントの全体的な傾向を把握するため，当該地域に生育した若・中・高年層87人分のデータを用い，1）音調実態，2）年層差，3）地域差の三つの観点から分析を試みる。これらの分析を通じて，東京東北部の全体的な特徴として，共通語化・東京中心部化傾向にあるものの，「型のゆれ」や「ⅣⅤ類尾高型」といった埼玉特殊アクセント的特徴が現在もみられることを述べる。また，埼玉特殊アクセント的特徴が多くみられた高年層における地理的分布を確認し，東京東北部における埼玉特殊アクセント的特徴の出現傾向の地域差を把握していく。地理的分布の分析を通じて，都市化の程度との関連についても言及する。

以上の検討結果を受け，東京東北部に生じているとみられる，埼玉特殊ア
クセント的なアクセントから東京中心部的な明瞭アクセントへの変化傾向に
ついても考察を行う。

第2章　東京東北部高年層2拍名詞アクセントの実態

　第2章では，第1章で埼玉特殊アクセント・あいまいアクセント的特徴が
多出した東京東北部高年層44人分のアクセントデータを対象とし，2拍名詞
の単語単独・短文に現れる音調型と型のゆれの実態報告を行う。

　この分析により，出現する音調型・型のゆれを詳細に把握し，さらに当該
地域アクセントに出現しやすい音調型として“文節末−2型”という基本ア
クセントの影響が存在する可能性を指摘する。地域的な差異も細かく検討す
ることによって，埼玉特殊アクセント的特徴が現れる地域の中にも，タイプ
の異なるアクセントがみられることを述べる。

第3章　東京東北部アクセントの分類とその変化プロセス
——クラスター分析を用いた話者分類結果から——

　第3章では，第1章・第2章で試みた東京東北部アクセントの分類を，客
観的手法によってさらに検討していく。ここで用いる手法は，多変量解析の
一つであるクラスター分析である。クラスター分析の変数としては，ここま
で分析に用いた「ゆれ」や「非共通語・東京中心部的音調型」を取り入れる。

　クラスター分析の結果を基に，分析の結果得られた各群はどのように特徴
付けられるのか，またどのような特徴が群化に寄与するのか，といったこと
について考察する。さらに，分類の結果得たタイプ間の関係性から，当該地
域アクセントの変化プロセスを捉えることを試みる。

第 1 章

東京東北部のアクセント
―― 2 拍名詞における音調実態と年層差・地域差 ――

1. はじめに

　東京東北部は，埼玉特殊アクセントとの連続性が確認されるため，特殊な
アクセント地域であると金田一春彦（1942）以来指摘されてきた。埼玉特殊
アクセントは，その特殊性から「日本諸方言アクセントの一種として，一つ
の重要な位置を占めている」（大橋純一，1996：90）とも言及され，現在まで多
くの研究がなされている。しかし，埼玉特殊アクセント地域に比べて東京東
北部を対象とした調査は少なく，1980年代以降広範な調査は行われていない。
当該地域アクセントのこんにち的実態をつかむことは，東京東北部も含めた
東京圏のアクセントや，特殊地域と指摘されたアクセントの実態把握につな
がると考えられる。本章では，首都圏東部域や東京中心部との比較も視野に
入れ，東京東北部アクセントの実態を分析していく。

2. 東京東北部アクセントと埼玉特殊アクセントの連続性

　東京東北部は，東京中心部とは異なるアクセント型が出現し，型区別が不
明瞭な特殊アクセントが分布する地域である（金田一春彦，1942：1948）。この
特殊アクセントは一般に「埼玉特殊アクセント」と呼ばれ，東京東北部に隣
接する埼玉東部地域が中心的な分布域とされている（金田一春彦，1942：1948）。
現在まで，埼玉特殊アクセントの実態解明を目指した研究は多くなされてお
り，（秋永一枝・佐藤亮一・金井英雄ほか，1971；木野田れい子，1972；柴田武，1983；
大野真男，1984；大橋勝男，1984；荻野綱男，1993；吉田健二，1993；大橋純一，1996）
これらの先行研究に共通する埼玉特殊アクセントの特徴をまとめると，以下
のようになる。

1）型が共通語アクセントや東京中心部アクセントと異なる。
2）個人間・個人内における型の異同が大きい。
3）発話形式によって出現型がゆれる。
4）実現音調における音声の高低差があいまい。大野真男（1984），吉田健二（1993），大橋純一（1996）は実現音調を「○・◎・●（低・中・高）」の３段階で記述している。大橋純一（1996）ではピッチ曲線からも明瞭ではない高低差が確認できる。
5）聞き取りが困難である（柴田武，1983；荻野綱男，1993）。
6）当該地域方言話者の型知覚があいまい。同音異義語の弁別などが不明瞭で，言い分け・聞き分けが難しい（大橋勝男，1984）。

　東京東北部アクセントは，加藤正信（1970），清水郁子（1970），小沼民江・真田信治（1978），都染直也（1982；1983）において，埼玉との都県境界を中心に調査がなされており，埼玉特殊アクセントの特徴として掲げた１）～６）はこれらの先行研究においても確認される。１）・２）についての報告はとくに多く，２拍名詞ⅣⅤ類に尾高型が出現することと，単語単独と短文という異なる発話形式間において異なるアクセント型が出現することについては，ほとんどの先行研究が指摘している。
　東京東北部も含む関東圏・東京圏の調査には，大橋勝男（1974），東京都教育委員会編（1986）がある。しかし，これらの研究において，東京東北部はおおむね共通語・東京中心部アクセント的特徴を示しており，埼玉特殊アクセント的特徴があまりみられない。
　以上でみてきたように，東京東北部アクセントに関連する先行研究は少なくないものの，最近年の報告から約30年が経過している。そこで，本章では未解明と思われる①具体的な音調型，②地理的分布，③年層差の３点に注目し，当該地域アクセントのこんにち的実態を捉えていく。

3.　東京東北部調査の概要
　東京東北部調査は2010年８月から11月にかけて行った。調査域は埼玉特殊アクセント的特徴の分布が報告されている江戸川区・葛飾区・足立区の３区

とした。

　調査方法は質問紙を用いたリスト読み上げ式の面接調査法とした。発話形式は単語単独・「ガ」付き短文とした[*1]。発話の際は基本的に1文につき1回の発話を依頼したが，同音異義語を混同した場合やⅣⅤ類に埼玉特殊アクセント型が出現した場合，また下降位置の判定に迷った場合などは複数回の発話を依頼した。複数回の発話を依頼した話者は，高年層44人中37人，中年層12人中3人，若年層31人中5人。調査を中断したケースもあるため，各調査語のサンプル数は均一ではない。

　高年層は15歳までに当該地域で生育した話者，中・若年層は言語形成期内での外住歴が2年以内の話者を分析対象とした。言語形成期内の外住歴があるのは若年層2人[*2]のみである。言語形成期後の外住歴や両親が当該地域生育者かどうかなどについては考慮していない。分析対象話者の属性による内訳を表1に示す[*3]。

表1：話者内訳（人）

	若年層		中年層		高年層				計
	20代	30代	40代	50代	60代	70代	80代	90代	
男性	15	2	2	7	10	16	6	1	59
女性	13	1	1	2	8	3	0	0	28
計	28	3	3	9	18	19	6	1	87

　本章で分析対象とする語は，2拍名詞の金田一語類Ⅰ～Ⅴ類（金田一春彦，1974）計28語とした。2拍名詞を分析対象とする理由は，知見が最も蓄積されており，多くの先行研究と比較・対照ができるためである。調査語は金田一春彦（1942：1948）・都染直也（1982：1983）・大橋純一（1996）などを参考に選出した。それらを「辞書記載型」「辞書注記型（以下注記型）」「埼玉特殊アクセント型」といったアクセント型の解釈とともに示した（表2）。

　「辞書記載型」は，NHK放送文化研究所編（1998），秋永一枝編（2010）に掲出されているアクセント型である。本章では，「辞書記載型」を共通語・東京中心部アクセント型とみなすこととする。「注記型」は，NHK放送文化

研究所編（1998），秋永一枝編（2010）に「新型（表中，新）」や「地域型（表中，地）」と注記のある型のことを指す。東京都教育委員会編（1986）では，「坂」の「地域型」を，伝統的な下町地域にみられるアクセント型としている。新型が報告されているⅡⅢ類の「梨」「北」「熊」「余所」といった語は，当該地域に及ぶ東京中心部的な新しい変化の指標とみて調査語に加えた。

「埼玉特殊アクセント型」は，金田一春彦（1942：1948），大橋純一（1996）などで「埼玉特殊アクセントの最典型」としている型である[4]。

表2：分析対象語一覧（単語単独形式/短文形式）

類	語	辞書記載型	注記型	埼玉特殊アクセント型
Ⅰ類	飴・風・端・鼻	○●●		●○/●●○
	魚・百合	○●●		(●○/●●○)
ⅡⅢ類	犬・橋・花・山	○●○		●○/●●○・●○○
	型	○●○		(●○/●●○・●○○)
	坂	○●○	●○○（地）	●○/●●○・●○○
	梨	○●○	○●●（新）	●○/●●○・●○○
	北	○●○	○●●（新）	●○/●●○
	熊	○●○	●○○（新）	●○/●●○・●○○
	余所	●○○		○●/○●●○
	人	○●●		●○/●●○・●◎○
ⅣⅤ類	雨・今・肩・箸・春・船・松	●○○		○●/○●○
	赤・牡蠣・数	●○○		(○●/○●○)
	他	○●●		(●○/●●○)

4．分析手法

発話データは筆者が聞き取りを行い，音調パタンを判定した。聞き取りに際しては，先行研究で指摘されている「明瞭ではない高低差」を捉えるため，「低（○）」「中（◎）」「高（●）」３段階で聞き取りを行った。例えば，○●○と○◎○は同位置で下降を聞き取っているが，聴覚印象が異なるため別々の型と判断した。同一話者における○●○と○◎○のピッチ曲線を図１に示す（図中矢印は下降開始地点）[5]。このように聞き取った音調を以下「音調型」

と呼ぶ。音調型の表記は基本的に丸印で行う。なお，単語単独発話では拍内下降も現れた。これについては◗で表記する[6]。

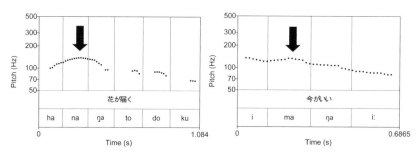

図1：1931年生まれ・江戸川区鹿骨地区生育・男性の発話例（左:○●○・右:○○○）

5. 東京東北部アクセントに出現する音調型の分析

5.1. 各語における出現音調型

まず，聞き取りの結果どのような音調型が出現したのかを確認していく。5.1では全年齢層の助詞付き短文発話データを分析対象とする。2拍名詞Ⅰ類・ⅡⅢ類・ⅣⅤ類で出現したすべての音調型を示したのが表3〜表5である。表中では，音調型を「下降の有無」と「下降の位置」の観点から3区分した。それぞれの区分内においては，出現度数が多い順に左から右へ配列している。表2の「辞書記載型」と一致する音調型は四角で囲み，「注記型」

表3：2拍名詞Ⅰ類出現音調型

	○●●	○○○	●●●	○○●	○○●	○○○	○●○	○●○	○○○	○●○	●●○	●●○	●○○	○○○	計
魚	16	2	5	1			49	5	4	1			5		88
端	41	9	6	2		1	27	3	2	1	1	1	2	1	97
百合	50	9	11	1		1	6	6	2						86
鼻	53	18	9	2	1	1				1	2	1			88
風	56	12	8	2			1	4	2					1	86
飴	57	4	9	3	1		3	6	2					1	86
計	273	54	48	11	2	3	86	24	13	4	2	1	7	3	531

※=☐「辞書記載型」，■=「注記型」，▨=「埼玉特殊アクセント型」

と一致する音調型は黒セル・白抜き文字で，「埼玉特殊アクセント型」と一致する音調型はグレーの網掛けで表示した。

　I類（表3）を確認すると，多種の音調型が出現していることがわかる。しかし，最も多く出現しているのは辞書記載型と同じ○●●であり，全体の51.4％を占める。また，○○○・◎●●といった下降のない音調型をすべて合わせると，全体で73.6％出現しているため，共通語・東京中心部アクセント型と一致する音調型が最優勢であるといえる。

　埼玉特殊アクセント型と一致する●●○の出現は2例のみだが，2拍目に下降のある音調型は全体の24.5％出現している[7]。この傾向は基本的に高年層にみられた。また，新型・類推型との関わりが推測される「魚」や同音異義語との混同の可能性を含む「端」を除くと，2拍目に下降のある音調型は，基本的に東京中心部から距離が遠い都県境域に現れた。「端」は個人内における○●●と○●○のゆれも若干観察された。

表4：2拍名詞Ⅱ Ⅲ類出現音調型

	●●○	●○●	○○○	○●●	○○●	○●○	○●○	●●○	○○○	○●●	○○●	●○○	●○○	◎○○	●○○	計
北	78			2		1	2	1	1		2					87
余所	3		1				31	3	1	1			51			91
熊		3	2				41	5	3	1		1	44			100
梨	22	1	4	1	1		52	1	2	1	2		1			88
坂	2		1			1	65	1	2	2			17	1		92
橋	4	4	2		1		71	2	2	1			1		1	89
型	1	2					75	2	1	4		2	1			88
花	1	1	1				77	3	2	1	1					87
犬	2	1					79	1	3	2						88
山		2	1				81		1			1				86
人	79	1		1			3		1		1					86
計	192	15	12	4	2	2	577	19	19	13	6	4	115	1	1	982

※＝□「辞書記載型」，■＝「注記型」，▨＝「埼玉特殊アクセント型」

　ⅡⅢ類（表4）も多くの音調型が確認されるものの，辞書記載型と一致する○●○が多く，全体の58.5％出現している。ⅡⅢ類もI類同様，共通語・

東京中心部アクセント型と一致する音調型が最優勢であるといえる。「北」「熊」「梨」「坂」については，辞書記載型に加え，注記型と一致する音調型が確認される。注記型と一致する音調型の出現率は，「北」が89.7％，「熊」が44.0％，「梨」が25.0％，「坂」が18.5％である。「熊」●○○の新型は若年層にみられることが国立国語研究所（1981），馬瀬良雄・佐藤亮一編（1985），佐藤亮一ほか（1999）で，「坂」●○○は下町に出現する地域型であることが東京都教育委員会（1986），秋永一枝（1999）で指摘されている。ここから，東京東北部においても，東京中心部における新型や地域型と一致する音調型が少なからず出現することがわかる。なお，新型は中年層・若年層を中心に，地域型は年層に関係なく現れた。また，新型は地域的な偏りを示さなかったが，地域型は基本的に東京中心部寄りに分布することが確認された。

表5：2拍名詞ⅣⅤ類出現音調型

	○●●	○○●	●●●	○○○	●	○●○	●●○	○○○	●●○	○●○	●○	●○○	○○○	●○○	計
箸		1				23	3	4	2			59	1		93
肩	1	1				21	4	3			1	64	1	1	97
赤	1					13	3	2	2	1		65	1		88
雨		1	1			13	1		1			70	2		89
牡蠣	2	1			1	11	6				1	69	2		93
船		1				10	6	3				67			89
松	1	1				10	5		1			69	1		88
数		1				9	5	1	1			69	3		89
今				1		8	1	2		2		71	1		86
春						6	4		2	1		74	1		88
他	64	3	6	4		3		4	2		2				88
計	69	10	7	5	1	127	38	19	11	4	4	677	15	1	988

※＝ ☐ 「辞書記載型」，■ ＝「注記型」， ▨ ＝「埼玉特殊アクセント型」

ⅣⅤ類（表5）も多数の音調型が出現しているが，辞書記載型と一致する●○○の出現が全体の68.5％を占めている。Ⅰ類・ⅡⅢ類同様，共通語・東京中心部アクセント型と一致する音調型が最優勢であるといえる。一方，埼玉特殊アクセント型と一致する音調型もほとんどの語で出現しており，全体

で12.6％となる。辞書記載型と異なる音調型で○●○が多出する傾向はⅠ類と類似する。この傾向も高年層中心にみられた。

　以上，当該地域ではいずれの類においても多数の音調型が確認された。同時に，下降や上昇を小さく聞き取った音調型も少なくないことがわかった。先行研究で指摘されてきた，当該地域における音調型の多様性や明瞭ではない高低差が追認されたことになる。ただし，実現音調型を下降の有無・位置という観点で整理すると，共通語・東京中心部アクセント型と一致する音調型が多いことも指摘してきたとおりである。●○●といった埼玉特殊アクセント特有とされる音調型の出現はわずかであったことからも，全年齢層データにおいては，共通語・東京中心部アクセントと類似した状況にあることになる。

5.2.　埼玉特殊アクセント的特徴の年層別出現傾向

　次に，先行研究で「埼玉特殊アクセント的特徴」として「尾高型」が多く出現すると指摘されている2拍名詞ⅣⅤ類に注目し，年層差をみていく。なお，ここでは小沼民江・真田信治（1978）や都染直也（1982：1983）によって当該地域に出現することが確認されている「型のゆれ」・「ⅣⅤ類尾高型」を埼玉特殊アクセント的特徴の指標とみて検討していく。対象とする語はそれぞれ11語である。

　本章では，「複数の音調型が出現する」ことを「型のゆれ」とみなす。また，「型のゆれ」は，「同一語ゆれ」・「形式ゆれ」の2種に分けてみていく。

　「同一語ゆれ」は「同一話者・同一語彙・同一発話形式（短文）において複数の音調型が出現するゆれ」とする。例えば，「肩ガ」において●○○－○●○という複数の音調型が出現した場合である。いくつの音調型間でゆれていても1と計数した[8]。

　「形式ゆれ」は単語単独形式と短文形式間のゆれ，すなわち「同一話者・同一語彙・異なる発話形式において複数の音調型が出現するゆれ」とする。例えば，「肩」の単語単独では●○，短文では○●○が出現した場合である。なお，単語単独では●○，短文では○●○・○●●など，発話形式間のゆれが複数みられた場合，「形式ゆれ」を2と計数した。そのため，最大出現数

が11を上回る場合がある。

ⅣⅤ類尾高型については，○●○や○◎○のように2拍目に下降のある音調型すべてを「尾高型」とみなし，計数した。

上記のような方針で計数した同一語ゆれ・形式ゆれ・ⅣⅤ類尾高型についての基本統計量を年層別に示す（表6）。表中のnは分析対象人数を表す。

表6：年層別同一語ゆれ・形式ゆれ・ⅣⅤ類尾高型基本統計量

	年層	平均値	中央値	最小値	最大値	標準偏差
同一語ゆれ	高年層（n＝37）	0.84	0	0	4	1.20
	中年層（n＝ 3）	0.67	1	0	1	0.47
	若年層（n＝ 5）	0.00	0	0	0	0.00
	全 体（n＝45）	0.73	0	0	4	1.12
形式ゆれ	高年層（n＝44）	5.07	5	0	14	3.92
	中年層（n＝12）	0.33	0	0	2	0.75
	若年層（n＝31）	0.42	0	0	3	0.75
	全 体（n＝87）	2.76	0	0	14	3.68
ⅣⅤ類尾高型	高年層（n＝44）	4.41	3	0	11	3.79
	中年層（n＝12）	0.25	0	0	2	0.60
	若年層（n＝31）	0.19	0	0	2	0.59
	全 体（n＝87）	2.33	0	0	11	3.44

表6から，いずれの埼玉特殊アクセント的特徴も高年層には多く現れるものの，中・若年層にはほとんど現れていないことがわかる[*9]。埼玉特殊アクセント的特徴はほぼ高年層にのみ認められ，中・若年層は共通語化・東京中心部化した状態であるといえる。

5.3. 東京東北部の高年層における地域差と個人差

次に，5.2.で埼玉特殊アクセント的特徴を多く示した高年層に注目し，同一語ゆれ・形式ゆれ・ⅣⅤ類尾高型の現れ方を指標として，地域差・個人差を検討していく。

5.3.1. 高年層におけるゆれの出現からみた地域差と個人差

　まず，高年層における同一語ゆれの出現数・出現パタンを確認する。それ
ぞれの出現数を話者ごとに計数し，地図上にプロットしたものが図２，同一
語ゆれが出現した場合のゆれパタンを話者ごとに示したものが図３となる。

　同一語ゆれの出現数（図２）をみると，全域での出現数はあまり多くない。
しかし，埼玉に隣接する舎人地区，千葉に隣接する葛西地区には同一語ゆれ
が比較的多く出現していることがわかる。

　同一語ゆれパタン（図３）から，調査域全域に観察される主たるゆれパタ
ンは●○○−○●○であることがわかる。このパタンは25タイプ中９タイプ
（36.0%）出現しており，◎○○−○●○といった下降の有無・位置が同じタ
イプを含めると15タイプ（60.0%）が「１拍目に下降のある音調型−２拍目に
下降のある音調型」のゆれに回収される。これは，「辞書記載型−埼玉特殊
アクセント型」間のゆれであるため，共通語・東京中心部アクセントと方言
的なアクセント間のゆれと捉えられる。一方，このような辞書記載型が関わ
らないゆれパタンが集中的に現れるのは舎人地区と葛西地区である。これら
の地域の話者は共通語・東京中心部的音調と方言的音調型との間でゆれてい
ることになる。

　次に，形式ゆれの出現数・出現パタンを確認する。それぞれの出現数を話
者ごとに計数し，プロットしたものが図４，形式ゆれが出現した場合のゆれ
パタンを話者ごとに示したのが図５となる非共通語・非東京中心部的特徴に
注目するため，単語単独・短文どちらか一方に辞書記載型が出現したパタン
は除いて示した。

　形式ゆれ（図４）は同一語ゆれ（図２）と比べると，調査域に広く出現する
ことが確認される。図２同様，都県境域の舎人地区，葛西地区は出現数が多
い。花畑地区，水元地区，篠崎・鹿骨地区などにも形式ゆれは多く現れる。

　図５を確認すると，図４で形式ゆれが多く出現する地区には複数の形式ゆ
れパタンが認められる。中でも葛西地区はその傾向が強い。舎人地区には様々
な音調型ならびに形式ゆれパタンが確認され，実現音調型の不安定さがうか
がえる。花畑地区，水元地区，篠崎・鹿骨地区は多数の形式ゆれパタンの出
現が確認されるものの，下降の有無・位置は一致するゆれが多い。これは，

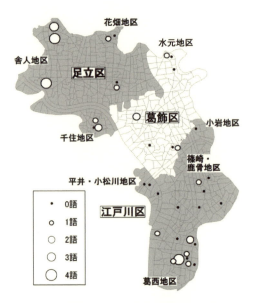

図２：高年層における同一語ゆれ出現数

図３：高年層における同一語ゆれ出現パタン

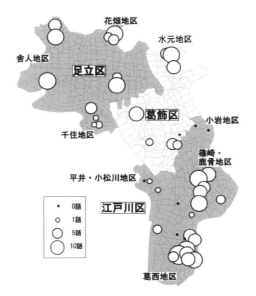

図4：高年層における形式ゆれ出現数

図5：高年層における形式ゆれ出現パタン
（単語単独形式/短文形式）

下降位置は安定的だが高低差が微妙なために生じたゆれと推測される。平井・小松川地区と小岩地区，千住地区では辞書記載型の関わらないゆれパタンがほとんど確認されない。

5.3.2. 高年層におけるⅣⅤ類尾高型の出現からみた地域差と個人差

ⅣⅤ類尾高型の出現数を話者ごとに示したものが図6となる。

図6から，ⅣⅤ類尾高型は一部を除き東京東北部のほぼ全域に現れることがわかる。出現数が多いのは，舎人地区，花畑地区，水元地区，篠崎・鹿骨地区，葛西地区である。

また，平井・小松川地区，小岩地区はⅣⅤ類尾高型が全く出現しない。千住地区も，足立区の中ではⅣⅤ類尾高型の出現が少ない。

5.3.3. 高年層における●○／○●○パタンの出現からみた地域差と個人差

最後に，5.3.1.で指摘したⅣⅤ類語に現れる形式ゆれのうち，最も多く出現した「単語単独は1拍目に下降のある音調型－短文は2拍目に下降のある音調型」パタン（以下●○／○●○パタンとする）をみていく[*10]。このパタンは，形式ゆれ223度数中116度数（52.0%）出現した。図7に，●○／○●○パタン出現数を話者ごとに示した。

図7から，●○／○●○パタンも都県境域の地区，とくに舎人地区，水元地区，葛西地区などに多く出現することがわかる。一方，平井・小松川地区，小岩地区は全く出現していない。●○／○●○パタンの分布域は形式ゆれ・ⅣⅤ類尾高型の分布域とほぼ重なることが確認されたといえる。

5.3.4. 当該地域の地区区分

ここまで，東京東北部の高年層2拍名詞ⅣⅤ類語について，同一語ゆれ・形式ゆれ・尾高型という三つの埼玉特殊アクセント的特徴を指標として地域差・個人差をみてきた。以上の分析結果から，東京東北部は次の三つのタイプに区分できる。

①埼玉特殊アクセント的特徴が強い地域（すべての特徴が出現しやすく，音調

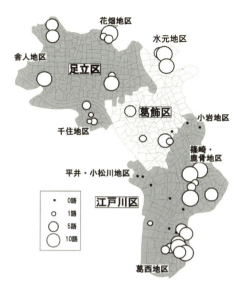

図6：高年層における IV V 類尾高型出現数

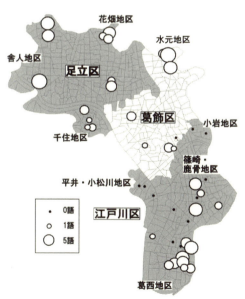

図7：高年層における●○／○●○パタンの
　　　形式ゆれ出現数

型が不安定）…舎人地区，葛西地区

②埼玉特殊アクセント的特徴から共通語・東京中心部アクセント的特徴に
移行しつつあるとみられる地域（形式ゆれ・ⅣⅤ類尾高型が出現しやすいが，
同一語ゆれは少なく，音調型も比較的安定）…花畑地区，水元地区，篠崎・鹿
骨地区

③共通語・東京中心部アクセント的特徴が強い地域（すべての特徴がほとん
ど出現せず，音調型も安定）…千住地区，平井・小松川地区，小岩地区

　以上の区分は金田一春彦（1942）の区分と重なるところが大きい。本章と
一致する地区の区分と，金田一春彦（1942）の指摘する特徴を（　）内に要約
して以下に示す。

①草加式アクセント（埼玉アクセントに似てはいるが，京浜アクセントに一歩近づ
いたような，型の区別が多少不明瞭なアクセント）…旧花畑村・旧葛西村

②館林式アクセント（標準語と似たアクセントを持つが，型の区別がやや不明瞭な
アクセント）…旧水元村

③京浜アクセント（標準語とよく似たアクセント）…旧千住村，旧小松川村，
旧小岩村

　金田一春彦（1948）は当該地域アクセントの変化について，「東京の発展に
つれて此等の地域中東京と交渉の多い（中略）小松川・小岩には東京式アク
セントが行われるようになり」（p.645）と述べている。この記述から，当該
地域における音調変化は埼玉特殊アクセント的特徴から共通語・東京中心部
アクセント的特徴へ，という①→②→③のプロセスを経たことが推測される。
一方，金田一春彦（1942；1948）の調査と本調査の調査年には約70年の開きが
あるにも関わらず，当該地域アクセントの分布状況は大差ないという結果を
得た。その理由について，ここでは両調査話者の言語形成期を過ごした年代
が近接していることを指摘したい。
　金田一春彦（1942；1948）の調査は10代前半の児童を対象に，1937−39年に
行われた。本調査の高年層話者が言語形成期を過ごした年代は，平均すると

1940−50年代である。言語形成期の観点から比較すると，二つの調査の話者が言語形成期を過ごした期間は1930年代から50年代の間に収まる。よって，この期間における当該地域の都市化レベルは大きく異なっていなかったと推測される。以上のことが調査年の開きに比して類似した地理的分布を示した理由だと考えられるため，以下の5.4.2.で検討を行う。

5.4.　当該地域における同一語ゆれ・形式ゆれの観点からみた消失プロセス
5.4.1.　埼玉特殊アクセント的特徴消失のプロセス

　以上から，当該地域における埼玉特殊アクセント的特徴の消失は，①同一語ゆれ・形式ゆれ・ⅣⅤ類尾高型→②形式ゆれ・ⅣⅤ類尾高型→③なし，という過程が想定される。図7で示したように，ⅣⅤ類語における形式ゆれで最も出現するのは●○／○●○パタンである。このⅣⅤ類語の短文形式に現れる○●○は，ⅣⅤ類に限らず，Ⅰ類（表3）・ⅡⅢ類（表4）にも少なからず現れる。Ⅰ類・ⅡⅢ類においても短文形式に○●○が現れる場合，ⅣⅤ類同様形式ゆれで●○／○●○パタンが出現する*11。

　ⅡⅢ類の○●○は辞書記載型と一致する。しかし，その地理的分布状況を踏まえると，共通語化・東京中心部化の影響によるものとは考えにくい。Ⅰ類・ⅣⅤ類の辞書記載型である○●●，●○○が東京中心部に近接する地域を中心に分布するのに対し，ⅡⅢ類の辞書記載型である○●○は東京中心部に近接する地域に偏らず，当該地域全域に分布するためである。このことから，○●○は類を問わず出現するものの，共通語・東京中心部アクセントと見かけ上一致するⅡⅢ類では注目されず，一致しないⅣⅤ類では注目されやすかったため，先行研究において「ⅣⅤ類尾高型」が「埼玉特殊アクセント的特徴」として指摘されてきたのだと思われる。

　●○／○●○パタンが類を問わず出現した背景には，“文節末−2拍目に下降がある型”という基本アクセントの影響が想定される。都染直也（1983）では，この“−2型”を「東京アクセント化というよりも，むしろ発音時の「癖」のようなものであって，それが型の区別の曖昧さにつながっているのではないだろうか」（p.40）と解釈している。加藤正信（1970）における，ⅣⅤ類語の単語単独形式は共通語化が先行するという指摘も，基本アクセント

として出現しやすく，見かけ上一致する●○が“共通語型”として解釈されたものと推測できる。

　以上から，●○／○●○パタンの消失を高低差・下降位置の明瞭な共通語・東京中心部アクセントへの移行完了期の特徴として指摘できそうである。拍数によって出現する音調型が異なる傾向は，他の特殊アクセント・無アクセント地域でも指摘されており（佐藤亮一，1974；佐藤和之・篠木れい子，1991），●○／○●○パタンが出現しやすいという傾向も共通する。そのため，あいまいアクセントから明瞭アクセントへという変化プロセスにおいては，このような基本アクセントに関わる形式ゆれパタンが現れるかどうかが鍵になると推測される。

5.4.2.　当該地域における都市化の観点からみた消失プロセス

　一方，当該地域における埼玉特殊アクセント的特徴の分布は，埼玉特殊アクセント地域と隣接する舎人地区から最も離れた葛西地区に向かって共通語・東京中心部アクセント的特徴が漸次増す，という連続的な分布となっていないこともわかった。この非連続的な分布の背景を，都市化のレベルから検討する。

　加藤正信（1970），田中ゆかり（1993.12）は，首都圏における都市化を鉄道網の観点から説明している。そこで，本章でも当該地域の都市化の程度を鉄道網の敷設状況から検討する。国土交通省鉄道局監修（2010）を参考に，金田一春彦（1942；1948）の話者，本調査の高年層話者が言語形成期を過ごした1930－50年代に開設していた鉄道路線と駅を示す（図8）。

　図8から，最も共通語・東京中心部的な特徴を示す③に区分された平井・小松川地区，小岩地区，千住地区の近隣には，東京中心部とのアクセスが良好な総武線（1899年開通）・常磐線（1896年開通）の駅が開設されていることが確認される。一方，最も埼玉特殊アクセント的特徴の強い①に区分された地区は近隣駅までの距離が遠く，東京中心部へのアクセスが容易ではなかったことがわかる。葛西地区はその傾向が顕著である。以上から，鉄道の開設時期が早く，古くから東京中心部へのアクセスが良好であった地区は，都市化に伴って共通語化・東京中心部化が進行し，他地区にさきがけて埼玉特殊ア

図8：東京東北部における地区区分と1950年に開通していた鉄道路線

クセント的特徴を消失したと考えられる。その結果，5.3.4.で確認したような地理的分布の非連続性が生じたとみられる。

6. おわりに

　以上，高年層を中心に東京東北部の音調実態を把握し，埼玉特殊アクセント的なあいまいアクセントから東京中心部的な明瞭アクセントに至るプロセスを考察してきた。

　本分析では「同一語ゆれ」・「形式ゆれ」というゆれに関する二つの観点を導入することによって，型区別が不明瞭なあいまいアクセントから型区別が明瞭なアクセントに至るプロセス解明の手がかりを得たと考える。この手がかりを一層確実なものとしていくために，複数回発話調査における分析，ならびに重要な課題と考える「微妙な音調」の音響的指標に基づく実態把握を，第2部において行っていく。これらの分析により，当該地域音調の実態と変化プロセスをより一層明確にしていくことが可能になると考える。

　また，ここで考察した都市化の程度とアクセントの出現傾向との関係性は首都圏を広域にみた場合も適応できるのか，という検証についても，今後の

課題としたい。

1　短文形式はすべて助詞「ガ」付きに統一した。全調査文を以下に示す。
　　Ⅰ類　飴が甘い・魚が大きい・風が吹く・端が出る・鼻がかゆい・百合がある
　　Ⅱ類　型が古い・北が寒い・梨が出る・橋が見える・人が見える・余所がある
　　Ⅲ類　犬が走る・熊が出る・坂がきつい・花が届く・山が見える
　　Ⅳ類　数が大きい・肩が痛い・箸が折れる・船が出る・他がある・松が大きい
　　Ⅴ類　赤がいい・雨が降る・今がいい・牡蠣がうまい・春が来る

2　5－6歳までを東京都墨田区で過ごした話者が1人，6－7歳までを埼玉県・栃木県で過ごした話者が1人。

3　言語形成期外の外住歴がある話者は高年層で10人（22.7％），中年層で4人（33.3％），若年層で8人（25.8％）である。

4　「埼玉特殊アクセント」の型が先行研究において確認されない語は，共通語・東京中心部アクセントとの対応関係により予想される出現型をカッコ内に示した。

5　ピッチ曲線の図示にはPraat（ver5.2.22）を用いた（http://www.fon.hum.uva.nl/praat/）。

6　拍内下降については，都染直也（1983），吉田健二（1993）で，●○というアクセント型の変異型として出現するという指摘がある。

7　馬瀬良雄・佐藤亮一編（1985）では「魚」2型が高年層にも確認される。辞書に記載されていない新しいアクセント型か，馴染み度が薄いために生じた類推型とみられる。当該地域でも「魚」の2拍目に下降のある音調は広く観察された。「魚」を除いて再計算すると，2拍目に下降がある音調の割合は13.4％となる。

8　三つの音調型間でのゆれが1例（1942年生まれ・江戸川区葛西地区生育・男性，語：「肩」）出現するが，その他はすべて二つの音調型間でのゆれとなっている。図3参照。

9　一元配置分散分析を行った結果，形式ゆれ・ⅣⅤ類尾高型に有意差が確認された。分散分析の結果を以下に示す。同一語ゆれ：$df=2$，$F=1.21$，$p=0.31$，形式ゆれ：$df=2$，$F=28.45$，$p=0.001$，ⅣⅤ類尾高型：$df=2$，$F=24.95$，$p=0.001$。TukeyのHSD法による多重比較の結果，形式ゆれ・ⅣⅤ類尾高型どちらの指標においても高年層と若年層・高年層と中年層の間に1％水準で有意差が認められた。また，いずれの場合も中年層と若年層の間に有意差は確認されなかった。

10　●○／○●○パタンは，単語単独では"1拍目に下降が生じる音調型"として●○・◎○・●◎，短文では"2拍目に下降が生じる音調型"として○●○・●●○・○

◎○・●●◎・◎●○・○●◎を計数した。○◐が関わるパタンは計数対象としていない。

11　高年層において，単語単独の●○はⅠ類で5.4%（259度数中14度数），ⅡⅢ類で14.9%（489度数中73度数），ⅣⅤ類で71.2%（525度数中374度数）みられた。単語単独●○が出現した中で短文○●○との組み合わせがみられた割合は，Ⅰ類で42.9%（14度数中6度数），ⅡⅢ類で47.9%（73度数中35度数），ⅣⅤ類で31.0%（374度数中116度数）であった。なお，それぞれの類で例外的な音調型が出現するⅠ類「端」「魚」，ⅡⅢ類「北」「梨」「人」「熊」「坂」「余所」を除いて集計すると，単語単独の●○はⅠ類で6.0%（167度数中10度数），ⅡⅢ類で6.9%（217度数中15度数）出現した。単語単独●○が出現した中で短文○●○との組み合わせがみられた割合は，Ⅰ類で50.0%（10度数中5度数），ⅡⅢ類で80.0%（15度数中12度数）であった。

第2章

東京東北部高年層2拍名詞
アクセントの実態

1. はじめに

　本章では，東京東北部の高年層に対して行った調査を基に，東京東北部ア
クセントの音調型・ゆれといった特徴の実態を明らかにすることを目的とす
る。

　第1部第1章（林直樹，2012.04）では東京東北部の2拍名詞短文に出現する
音調型について報告を行ったが，以下の点について言及することができな
かった。

　1）単語単独で出現する音調型の実態

　2）出現音調の地理的分布

　3）2拍名詞Ⅰ類・ⅡⅢ類も含めた考察

本章では，当該地域のアクセントについてⅠ～Ⅴ類の単語単独・短文に出現
する音調型という観点から分析することにより，第1部第1章（林直樹，
2012.04）では把握しきれなかった当該地域アクセントの「あいまい性」・「明
瞭性」の実態を探っていくことにする。また，東京中心部で新型の出現が指
摘されている語を分析対象とすることで，東京中心部的特徴の伝播パタンも
併せてみていく。

2. 東京東北部アクセントの特徴

　東京東北部には「埼玉特殊アクセント」と呼ばれる特殊なアクセントと類
似する特徴が現れることが指摘されている（金田一春彦，1942：1948）。「埼玉
特殊アクセント」とは，埼玉東部域を中心として分布する特殊なアクセント
のことで，1）出現する型が共通語・東京中心部アクセントと異なる，2）

発話形式によって出現する型が異なる，3）個人内・個人間におけるゆれが大きい，といった特徴がみられる。

　金田一春彦（1942：1948）の指摘以来，加藤正信（1970），清水郁子（1970），小沼民江・真田信治（1978），都染直也（1982：1983）によって，埼玉県と近接する地域を中心に当該地域アクセントの調査がなされてきた。これらの先行研究により，上記した埼玉特殊アクセント的特徴は東京東北部においても共通してみられることが確認されている。

　以上の特徴が現れることは指摘されているものの，広域調査に基づく東京東北部音調の実態報告は少ない。金田一春彦（1942：1948）では，埼玉との境域・千葉との境域という離れた地域に埼玉特殊アクセントと類似するタイプのアクセントが分布すること，東京中心部と近接する地域に「京浜アクセント」という別タイプのアクセントが分布することが示されている。このようなアクセントのタイプとその地理的分布を把握するためには，東京東北部全域を連続的に分析する必要があると考えられる。本章では，2拍名詞単語単独・短文形式発話において出現する音調型を，江戸川区・葛飾区・足立区の3区を対象として分析することで，当該地域アクセントの実態を詳細に把握していく。

3.　東京東北部高年層データの概要

　本章では，東京東北部で行った調査のうち，高年層データのみを用いる[*1]。

【調査時期】2010年8月−11月
【調査対象】東京東北部（江戸川区・葛飾区・足立区）で言語形成期を過ごした高年層（60代−）男女44人[*2]
【調査方法】質問紙を用いたリスト読み上げ式の面接調査法。発話形式は単語単独・「ガ」付き短文による発話を依頼した。発話の際は基本的に1文につき1回の発話を依頼したが，同音異義語を混同した場合やⅣⅤ類で埼玉特殊アクセント型が出現した場合，また高低差が微妙で下降位置の判定に迷った場合などは複数回の発話を依頼した。調査を中断したケースも存在するため，各調査語のサンプル数は均一ではない。

【分析対象語】 ２拍名詞の金田一春彦語類Ⅰ～Ⅴ類（金田一春彦，1974）計28語。

Ⅰ類　飴
<ruby>飴<rt>あめ</rt></ruby>が甘い・魚が大きい・風が吹く・端が出る・鼻がかゆい・百合があ
る

Ⅱ類　型が古い・北が寒い・梨が出る・橋が見える・人が見える・余所があ
る

Ⅲ類　犬が走る・熊が出る・坂がきつい・花が届く・山が見える

Ⅳ類　数が大きい・肩が痛い・箸が折れる・船が出る・他がある・松が大き
い

Ⅴ類　赤がいい・雨が降る・今がいい・牡蠣がうまい・春が来る

　調査語の選定に際しては，金田一春彦（1942：1948）・都染直也（1982：
1983）・大橋純一（1996）などを参考にした。分析対象とした語は，以下で「辞
書記載型」「辞書注記型（以下注記型）」「埼玉特殊アクセント型」といったア
クセント型と比較・考察していく。「辞書記載型」はNHK放送文化研究所編
（1998），秋永一枝編（2010）に掲出されているアクセント型とし，「注記型」は，
NHK放送文化研究所編（1998），秋永一枝編（2010）に「新型」や「地域型」
と注記のある型とした。「埼玉特殊アクセント型」は，金田一春彦（1942：
1948），大橋純一（1996）などで「埼玉特殊アクセントの最典型」とされてい
る型とした。

4.　聞き取りによる分析の方法

　発話データは報告者が聞き取りを行い，音調パタンを判定した。聞き取り
に際しては，「低（○）」「中（◎）」「高（●）」３段階での聞き取りを行った。
例えば，○●○と○○○は同位置で下降を聞き取っているが，聴覚印象上異
なる実現型とした。このように聞き取った実現音調を本章では「音調型」と
する。なお，単語単独発話では拍内下降も現れた。これについては◐で表記
する。
　また，本章ではあいまいアクセントの特徴の一つである「型のゆれ」を，「同
一語ゆれ」・「形式ゆれ」の２種に分けて分析していく。
　「同一語ゆれ」は「同一話者・同一語彙・同一発話形式において複数の音

調型が出現するゆれ」とする。例えば,「肩」において●○－○●,「肩ガ」において●○○－○●○という複数の音調型が出現した場合である。

「形式ゆれ」は単語単独形式と短文形式間のゆれ,すなわち「同一話者・同一語彙・異なる発話形式において複数の音調型が出現するゆれ」とする。例えば,「肩」の単語単独では●○,短文では○●○が出現した場合である。なお,単語単独では●○,短文では○●○・○●●など,発話形式間のゆれが複数みられた場合,「形式ゆれ」を2と計数した。

5. 東京東北部におけるアクセント型・ゆれの出現傾向

5.1. 単語単独出現音調型

まず,第1部第1章で未報告であった,単語単独において出現した音調型を類ごとに確認していく。以下の表では,音調型を「下降の有無」と「下降位置」,「拍内下降の有無」の観点から3区分して示した。それぞれの区分内においては,全体の出現度数が多い順に左から右へ配列している[*3]。前述した「辞書記載型」と一致する音調型は表中四角で囲み,「注記型」と一致する音調型は表中黒セル・白抜き文字で,「埼玉特殊アクセント型」と一致する音調型はグレーの網掛けで表示した。

Ⅰ類の単語単独出現音調型を示したものが表1である。

表1：Ⅰ類単語単独出現音調型

	○●	●●	○○	◎●	○○	●○	◎○	●○	○◐	計
魚	32	4	2				2		3	43
端	28	6	3	1		2			3	43
風	28	4	4	2		2			3	43
飴	25	7	2	1	1			1	3	40
百合	24	5	3	1	1	2	1		6	43
鼻	18	10	8	3		1	1	1	1	43
計	155	36	22	8	2	7	4	2	19	255

※＝□「辞書記載型」,■＝「注記型」,▨＝「埼玉特殊アクセント型」

Ⅰ類は辞書記載型と一致する○●が最も出現し，全体の60.8％を占める。埼玉特殊アクセント的音調型と一致する●○の出現は全体の2.7％とわずかにみられる程度となっている。○◐はすべての語に観察される。

　ⅡⅢ類の単語単独出現音調型を示したものが表2である。

表2：Ⅱ Ⅲ類単語単独出現音調型

	○●	●●	○○	◐●	○◐	●○	○○	●◐	○◐	計
梨	35	2		3	2	1			1	44
橋	30	3	2	3		2	1		3	44
犬	29	5	4	1	3	1	1		1	45
山	26	5	2	2	2	1	1		3	42
人	25		8	5		1			4	43
北	24		12	2	1	1			3	43
型	20	10	6	2	1	3	1	1		44
坂	19	6	1			15	1		2	44
花	19	6	5	2	1	2	3	1	5	44
余所	18	2	2			17		1	3	43
熊	11	11	10			14	1		2	49
計	256	50	52	20	10	58	9	3	27	485

※＝□「辞書記載型」，■＝「注記型」，▨＝「埼玉特殊アクセント型」

　Ⅱ Ⅲ類も辞書記載型と一致する○●が最も出現し，全体の52.8％を占める。注記型が関わる語では●○がみられるものの，埼玉特殊アクセント型と一致する●○は全体の2.5％ほどである。注記型は「坂」で34.1％，「余所」で39.5％，「熊」で28.6％出現している。○◐はほぼすべての語にみられる。

　Ⅳ Ⅴ類の単語単独出現音調型を示したものが表3である。

　Ⅳ Ⅴ類も辞書記載型と一致する●○が最も出現する。全体に占める割合は62.2％となっている。一方，埼玉特殊アクセント型と一致する○●は全体の6.1％を占める。○◐もほとんどの語で出現している。

表3：ⅣⅤ類単語単独出現音調型

	○●	●●	○○	◎●	○○	●○	◎○	●◎	○◐	計
今	1	3				38	1			43
数	2			1		38	2		2	45
春		1		1		37	2		2	43
松	1	2	1	1		35	1	1	2	44
赤	3		3		1	33	1		2	43
船	2	5				31	2		5	45
雨	3	5				31	3		2	44
牡蠣	4	4			2	30	3	1	2	46
肩	5	6	3	1		30		1	1	47
箸	9	3		2	3	22	3	2	2	46
他	31	4	2	2		2	1		2	44
計	61	33	9	8	6	327	19	5	22	490

※＝ □「辞書記載型」，■ ＝「注記型」， ▨ ＝「埼玉特殊アクセント型」

　以上，高年層の2拍名詞単語単独における出現音調型を概観したところ，第1部第1章の短文結果と同じく，多種の音調型が確認された。多種の音調型を下降の位置・有無で整理すると共通語・東京中心部アクセントと大きくは一致する点も同様である。

　埼玉特殊アクセントと一致する音調型はⅣⅤ類に最も多く出現した。しかし，短文形式のⅣⅤ類○●○は12.6％出現した（第1部第1章）ことと比較すると，単語単独は短文に比べて埼玉特殊アクセント的な特徴があまり出現しない結果となった。

　○◐はいずれの類でも幅広く確認された。○◐は●○の変異として出現するとの指摘がある（都染直也，1983）ため，○◐を含めて●○の出現率を計数すると，全体で37.4％，Ⅰ類で10.2％，ⅡⅢ類で17.5％，ⅣⅤ類で71.2％となる。○●の出現率は，全体で38.4％，Ⅰ類で60.8％，ⅡⅢ類で52.8％，ⅣⅤ類で12.4％である。Ⅰ類・ⅡⅢ類では○●が，ⅣⅤ類では●○が出現する傾向にあることがわかる。そのため，単語単独の出現音調型は共通語・東京中心部

アクセントと一致する型が優勢であるといえる*4。

5.2. 出現音調型の地理的分布

　次に，それぞれの類における共通語・東京中心部アクセント型と埼玉特殊アクセント型の出現を個人ごとに計数し，地理的分布を確認していく。

5.2.1. 単語単独

　まず，Ⅰ類単語単独の出現音調型を確認する。Ⅰ類において辞書記載型と一致する○●，埼玉特殊アクセント型と一致する●○出現数を話者ごとに計数し，地図上にプロットしたものが図1・図2である。

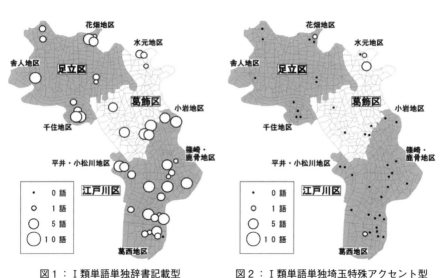

図1：Ⅰ類単語単独辞書記載型　　　　　図2：Ⅰ類単語単独埼玉特殊アクセント型

　Ⅰ類単語単独において辞書記載型と一致する音調型は全域に確認される（図1）。その中でも，千住地区，平井・小松川地区，小岩地区には比較的多く出現している。都県境域の舎人地区や葛西地区には出現数が少ない話者もみられる。一方，埼玉特殊アクセント型と一致する音調型はほとんど出現していない（図2）。出現するのは花畑地区，水元地区，葛西地区などの都県境

域の地区の一部の話者である。

　次に，ⅡⅢ類単語単独の出現音調型を確認する。ⅡⅢ類はNHK放送文化研究所編（1998），秋永一枝編（2010）で複数の型が記載されている語があり，埼玉特殊アクセント型と一致する音調型もあるため，埼玉特殊アクセント型を計数する際は別扱いとした。別扱いとしたものは「熊」「坂」「余所」の3語である。それぞれ●○を注記型とみなした。ⅡⅢ類のうち辞書記載型と一致する○●の出現数をプロットしたものが図3，注記型の関わらない語における埼玉特殊アクセント型と一致する●○の出現数を話者ごとにプロットしたものが図4，注記型と一致する●○の出現数を話者ごとにプロットしたものが図5である。

　ⅡⅢ類単語単独の辞書記載型と一致する音調型は全域に出現することがわかる（図3）。出現数が少ないのは舎人地区，篠崎・鹿骨地区，葛西地区などの一部の話者である。その一方，ⅡⅢ類単語単独の埼玉特殊アクセント型と一致する音調型はほとんど出現していない（図4）。花畑地区，水元地区，葛西地区など都県境域の地区にのみ少数出現が確認される。

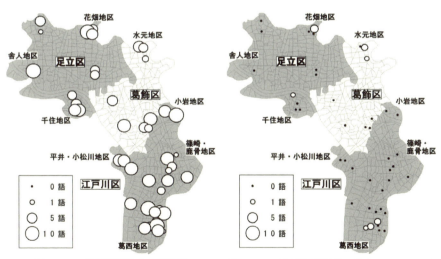

図3：ⅡⅢ類単語単独辞書記載型　　　　図4：ⅡⅢ類単語単独埼玉特殊アクセント型

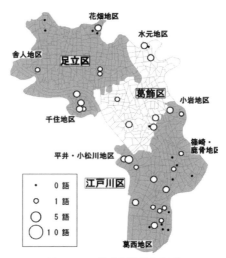

図5：ⅡⅢ類単語単独注記型

　ⅡⅢ類単語単独の注記型は全域に出現する（図5）ものの，千住地区や平井・小松川地区などの地区にとくに多く現れていることがわかる。都県境域の地区はいずれの地域にも出現する話者・しない話者が混在しているため，個人差が大きいことがわかる。

　次に，ⅣⅤ類単語単独の出現音調型を確認する。ⅣⅤ類単語単独において辞書記載型と一致する音調型の出現数を話者ごとにプロットしたものが図6，埼玉特殊アクセント型と一致する音調型の出現数を話者ごとにプロットしたものが図7である。ⅣⅤ類は「他」以外の語では辞書記載型を●○，埼玉特殊アクセント型を○●とし，「他」のみ辞書記載型を○●，埼玉特殊アクセント型を●○として計数した。

　ⅣⅤ類単語単独の辞書記載型と一致する音調型はほぼ全域に現れることが確認される（図6）。一方，埼玉特殊アクセント型と一致する音調型は出現数が少ない（図7）。これらの傾向はⅠ類・ⅡⅢ類と同様である。しかし，Ⅰ類・ⅡⅢ類と比べると出現数が多く，舎人地区・花畑地区・水元地区といった埼玉との都県境域よりも，篠崎・鹿骨地区や葛西地区など，千葉の都県境域に若干多く出現する傾向もみられる。

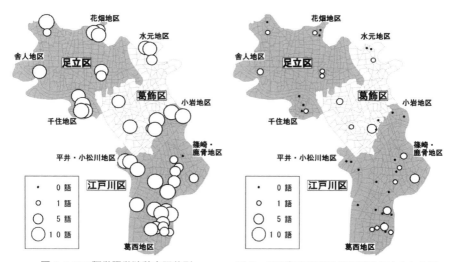

図6：ⅣⅤ類単語単独辞書記載型　　　図7：ⅣⅤ類単語単独埼玉特殊アクセント型

　以上，単語単独ではいずれの類も辞書記載型と一致する音調型が主に確認された。また，類を問わず東京中心部に近接する地区で辞書記載型と一致する音調型が出現し，都県境域で埼玉特殊アクセント型と一致する音調型が出現する傾向にあった。しかし，ⅣⅤ類の埼玉特殊アクセント型と一致する○●は千葉との境域で多く出現するため，埼玉特殊アクセント的特徴がみられる地域でも，埼玉に隣接する地域と千葉県に隣接する地域では異なる特徴が現れることがうかがえた。

5.2.2.　短文

　次に，第1部第1章で報告を行った短文発話における出現音調の地理的分布をみていく。短文でも，辞書記載型と埼玉特殊アクセント型の出現傾向に注目する。Ⅰ類短文において辞書記載型一致する○●●の出現数を話者ごとにプロットしたものが図8，埼玉特殊アクセント型と一致する●●○の出現数を話者ごとにプロットしたものが図9である。

　Ⅰ類短文において辞書記載型と一致する音調型は全域に確認される（図8）。しかし，都県境域では出現数が少なく，とくに舎人地区，水元地区，葛西地

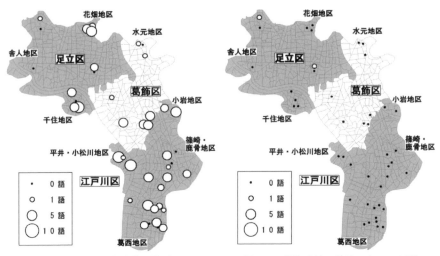

図8：Ⅰ類短文辞書記載型　　　　図9：Ⅰ類短文埼玉特殊アクセント型

区はあまり出現しない傾向がみられる。一方，埼玉特殊アクセント型は全域でほとんど出現していないことがわかる（図9）。出現するのは足立区の中央部域，舎人地区のみである。

　次に，ⅡⅢ類短文の出現音調型を確認する。ⅡⅢ類短文でも複数の型が指摘されている語は別扱いとした。具体的には，「北」「熊」「坂」「梨」「余所」の5語を別扱いとした。それぞれ，「北」は○●●，「熊」は●○○，「坂」は●○○，「梨」は○●●，「余所」は●○○を注記型とみなした。ⅡⅢ類のうち辞書記載型○●○の出現数を話者ごとにプロットしたものが図10，埼玉特殊アクセント型●○●の出現数を話者ごとにプロットしたものが図11，注記型の出現数を話者ごとにプロットしたものが図12である。

　ⅡⅢ類短文において辞書記載型と一致する音調型ほぼ全域にみられ，ほとんどの話者における出現数も同様である（図10）。一方，埼玉特殊アクセント型と一致する●○●は葛西地区の1人のみにみられた（図11）。

　ⅡⅢ類短文の注記型も全域に確認される（図12）。ただし，花畑地区，水元地区，葛西地区などは全く出現しない話者も確認される。

　次に，ⅣⅤ類短文の出現音調型を確認する。ⅣⅤ類短文において辞書記載

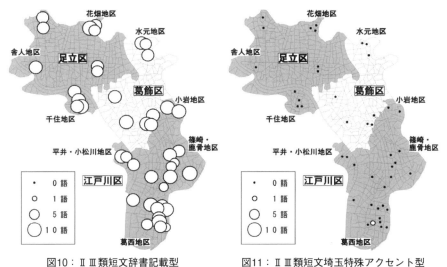

図10：ⅡⅢ類短文辞書記載型　　　図11：ⅡⅢ類短文埼玉特殊アクセント型

図12：ⅡⅢ類短文注記型

　型と一致する音調型の出現数を話者ごとにプロットしたものが図13，埼玉特
殊アクセント型と一致する音調型の出現数を地図上にプロットしたものが図
14である。ⅣⅤ類短文は「他」以外の語では辞書記載型を●○○，埼玉特殊

アクセント型を○●○とし，「他」のみ辞書記載型を○●●，埼玉特殊アクセント型を○●○として計数した。

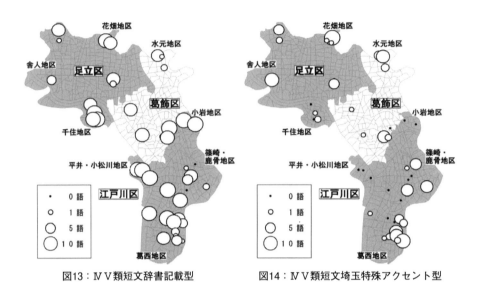

図13：ⅣⅤ類短文辞書記載型　　　　図14：ⅣⅤ類短文埼玉特殊アクセント型

　ⅣⅤ類短文の辞書記載型と一致する音調型は東京中心部付近の平井・小松川地区，小岩地区，千住地区などに多くみられる（図13）。都県境域の地区はいずれの地区も出現数が少なく，全く出現しない話者もみられる。一方，埼玉特殊アクセント型と一致する音調型は都県境域の地区に多く出現している（図14）。千住地区や平井・小松川地区といった東京中心部に近接する地区や，小岩地区にはほとんど出現していない。

　以上，短文では，辞書記載型と一致する○●○はすべての類で出現することがわかった。とくにⅡⅢ類では地域を問わずに多出した。

　一方，埼玉特殊アクセント型と一致する音調型は，ⅣⅤ類の○●○が都県境域に多く現れた。また，Ⅰ類で埼玉特殊アクセント型と一致する●○○は舎人地区付近に，ⅡⅢ類で埼玉特殊アクセント型と一致する●○●は葛西地区に確認された。

　これらから，ⅡⅢ類・ⅣⅤ類いずれにおいても多出する音調型は○●○で

共通する傾向が見出せる。第1部第1章ではⅠ類にも○●○が確認されたことも踏まえると[*5]，短文では類を問わず○●○が出現する傾向にあることを指摘できる。

5.3. 同一語ゆれの地理的分布

　次に，当該地域アクセントにおける埼玉特殊アクセント的特徴のうち，単語単独・短文の同一語ゆれ出現状況と地理的分布を確認する。ゆれの分析では，各類における同一語ゆれの出現数と，各類において同一語ゆれが最も出現した語の音調型の地理的分布をみていく。

5.3.1. 単語単独

　単語単独の同一語ゆれでは，単語単独で複数回発話のあった18人分のデータを分析対象とした。単語単独の同一語ゆれはⅡⅢ類・ⅣⅤ類のみに確認された。

　ⅡⅢ類の語は注記型が指摘されている語とされていない語を別々に計数した。注記型が指摘されている語でゆれが起きた場合，それが埼玉特殊アクセント的な特徴の現れであるのか，共通語・東京中心部的な特徴の現れであるのかの判断が難しいためである。ⅡⅢ類のうち，注記型が関わらない語における単語単独同一語ゆれの出現数を話者ごとにプロットしたものが図15，その中で最も形式ゆれがみられた「橋」の出現音調型を確認したものが図16，注記型が関わる語における単語単独同一語ゆれ出現数の出現数を話者ごとにプロットしたものが図17，その中で最も形式ゆれがみられた「熊」の出現音調型を確認したものが図18である。

　ⅡⅢ類の単語単独同一語ゆれは出現数が少ないものの，水元地区，葛西地区に加えて千住地区など，東京中心部に近接する地区にみられる(図15)。「橋」では水元地区にのみ○●－●○が確認された（図16）。
注記型が指摘されている語の単語単独同一語ゆれは，東京中心部に近接する千住地区や，葛飾区の中央付近の地区にみられることがわかる（図17）。また，「熊」では○●－●○が主に出現することがわかるが，足立区の中央部に○◐が関わるゆれが出現している（図18）。

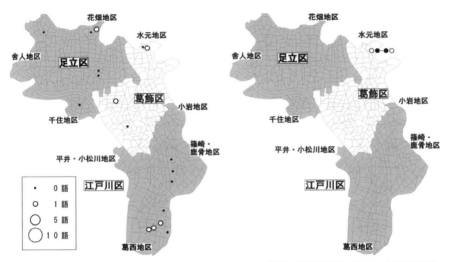

図15：ⅡⅢ類単語単独同一語ゆれ出現数
　　　（注記型以外）

図16：「橋」単語単独同一語ゆれ出現音調型

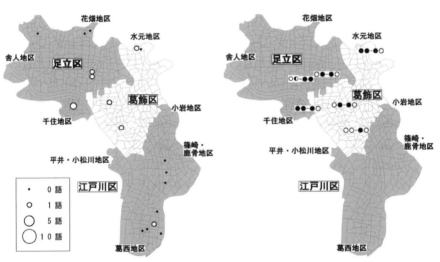

図17：ⅡⅢ類単語単独同一語ゆれ出現数
　　　（注記型）

図18：「熊」単語単独同一語ゆれ出現音調型

次に，ⅣⅤ類における単語単独同一語ゆれを確認する。ⅣⅤ類において単語単独同一語ゆれの出現数を話者ごとにプロットしたものが図19，その中で単語単独同一語ゆれが最も多くみられた「肩」の出現音調型を示したものが図20である。

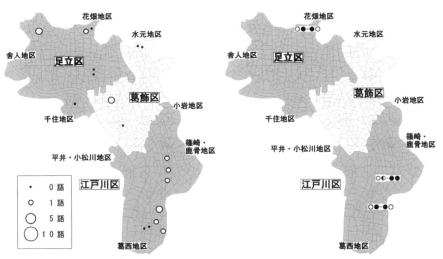

図19：ⅣⅤ類単語単独同一語ゆれ出現数　　　図20：「肩」単語単独同一語ゆれ出現音調型

　ⅣⅤ類の単語単独同一語ゆれは舎人地区，花畑地区，篠崎・鹿骨地区，葛西地区などの都県境域にみられる（図19）。「肩」では，花畑地区，葛西地区に○●－●○が，篠崎・鹿骨地区に○◖－●●という辞書記載型が関わらないゆれが出現している（図20）。

　以上，単語単独の同一語ゆれは，出現数が少ないものの，○●－●○や○◖の関わるゆれが主として都県境域にみられた。○◖はほとんど下降がない●●などの音調型と組み合わさる形で出現した。○◖が●○の「おそ下がり」であるという指摘（都染直也，1983）を踏まえると，○◖が関わるゆれも○●－●○の変異として解釈できるように思われる。

5.3.2. 短文

　短文では複数回発話のあった39人を分析対象とした。まず，Ⅰ類における短文同一語ゆれを確認する。Ⅰ類における短文同一語ゆれの出現数を話者ごとにプロットしたものが図21，Ⅰ類で最も多く短文同一語ゆれがみられた「端」の出現音調型を示したものが図22である。

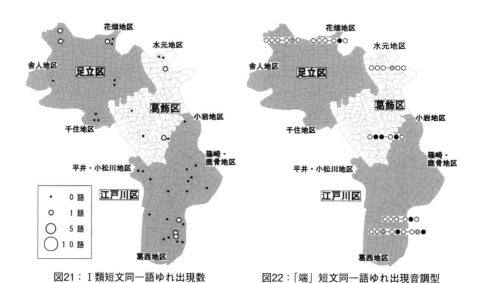

図21：Ⅰ類短文同一語ゆれ出現数　　　図22：「端」短文同一語ゆれ出現音調型

　Ⅰ類の短文同一語ゆれは，舎人地区，花畑地区，水元地区，葛西地区など，都県境域の地区に若干数みられる（図21）。「端」では，○○○や○●●○の関わるゆれが主に確認される（図22）。葛西地区は三つの音調型間でゆれている話者もみられる。

　次に，ⅡⅢ類における短文同一語ゆれを確認する。ⅡⅢ類のうち，注記型が関わらない語における短文同一語ゆれの出現数を話者ごとにプロットしたものが図23，その中で最も多く短文同一語ゆれがみられた「橋」の出現音調型を確認したものが図24，注記型が関わる語における短文同一語ゆれの出現数を話者ごとにプロットしたものが図25，その中で最も多く短文同一語ゆれがみられた「熊」の出現音調型を確認したものが図26である。

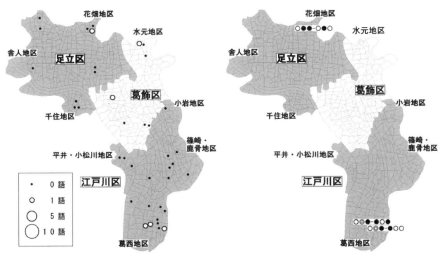

図23：ⅡⅢ類短文同一語ゆれ出現数
（注記型以外）

図24：「橋」短文同一語ゆれ出現音調型

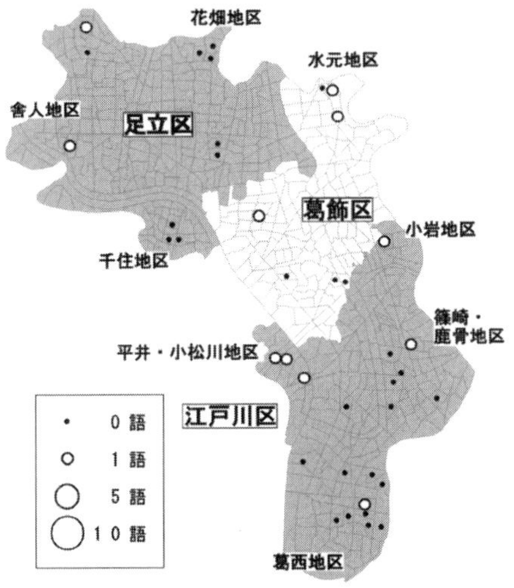

図25：ⅡⅢ類短文同一語ゆれ出現数
（注記型）

図26：「熊」短文同一語ゆれ出現音調型

ⅡⅢ類のうち，注記型が関わらない語の短文同一語ゆれは，全域で出現し
ないものの，都県境域に出現していることがわかる（図23）。「橋」では，葛
西地区に辞書記載型・埼玉特殊アクセント型が関わらないゆれが確認される
（図24）。

　注記型が関わる語は関わらない語に比べて出現数が若干多く，平井・小松
川地区や小岩地区といった他の特徴があまりみられない地区にも出現する
（図25）。また，「熊」に現れる短文同一語ゆれはほとんど○●○－●○○であ
ることがわかる（図26）。

　次に，ⅣⅤ類における短文同一語ゆれ出現状況を確認する。ⅣⅤ類短文に
おける同一語ゆれの出現数を話者ごとにプロットしたものが図27，ⅣⅤ類で
最も多く短文同一語ゆれがみられた「肩」の出現音調型を確認したものが図
28である。

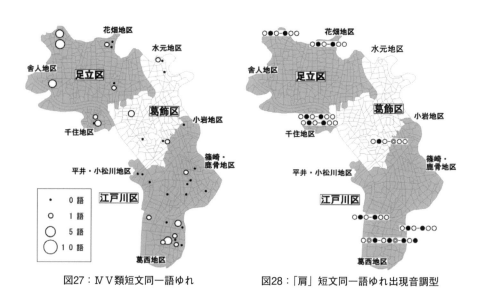

図27：ⅣⅤ類短文同一語ゆれ　　　図28：「肩」短文同一語ゆれ出現音調型

　ⅣⅤ類短文同一語ゆれは比較的広い地域に出現しており，舎人地区・葛西
地区の出現数はとくに多い（図27）。また，花畑地区・水元地区や千住地区な
どにもみられる。「肩」で出現するのは，ほとんどが○●○－●○○の同一

語ゆれである（図28）。葛西地区では三つの音調型間でのゆれが確認される。

　以上，短文の同一語ゆれは単語単独よりも多く出現することがわかった。出現音調型を確認すると，○●○が最も多く現れた。これは，当該地域においてゆれが出現し，型区別が不明瞭な話者ほど，○●○が出現しやすいことを表していると解釈できる。

　地理的分布をみると，短文同一語ゆれは主に舎人地区・葛西地区といった都県境域に，次いで花畑地区，水元地区に出現した。一方，他の埼玉特殊アクセント的特徴が比較的多く出現する篠崎・鹿骨地区ではほとんど出現しなかった。ⅡⅢ類の注記型が関わる語では東京中心部に近接する地区でも短文同一語ゆれは出現したため，東京中心部的特徴が強い地区でもゆれが全く確認されないわけではないことが示された。

5.4.　形式ゆれの地理的分布

　次に，形式ゆれの出現傾向を確認していく。Ⅰ類における形式ゆれの出現数を話者ごとにプロットしたものが図29，Ⅰ類で最も多く形式ゆれがみられた「百合」の出現音調型を確認したものが図30である。

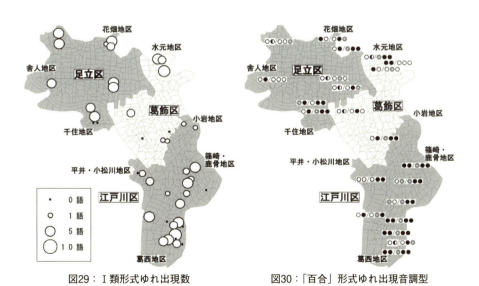

図29：Ⅰ類形式ゆれ出現数　　　　図30：「百合」形式ゆれ出現音調型

Ⅰ類形式ゆれは全域に確認される（図29）。出現数が多いのは舎人地区，花畑地区，水元地区，篠崎・鹿骨地区，葛西地区などの都県境域の地区である。出現しないのは千住地区，平井・小松川地区や葛西地区の一部話者に限られる。「百合」では，多種の形式ゆれが確認される（図30）。全域で出現するのは，●●／◎●●，○●／◎●●といった「中」音調が関わる形式ゆれ，単語単独で○◐が関わる形式ゆれである。花畑地区，水元地区では単語単独で●○が関わる形式ゆれが現れる。

次に，ⅡⅢ類における形式ゆれ出現数を確認する。ⅡⅢ類のうち，注記型が関わらない語における形式ゆれの出現数を話者ごとにプロットしたものが図31，その中で最も多く形式ゆれがみられた「型」の出現音調型を確認したものが図32，注記型が関わる語における形式ゆれの出現数を話者ごとにプロットしたものが図33，その中で最も多く形式ゆれがみられた「熊」の出現音調型を確認したものが図34である。

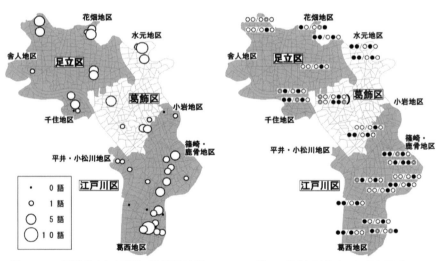

図31：ⅡⅢ類形式ゆれ出現数（注記型以外）　　図32：「型」形式ゆれ出現音調型

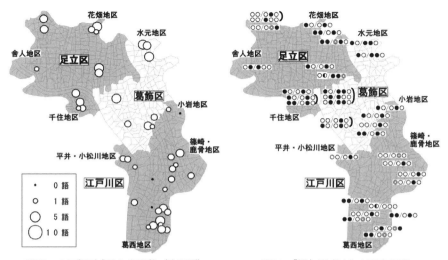

図33：ⅡⅢ類形式ゆれ出現数（注記型）　　　図34：「熊」形式ゆれ出現音調型

　ⅡⅢ類においても形式ゆれは全域にみられる（図31）。出現数が多いのは舎人地区，花畑地区，水元地区，篠崎・鹿骨地区，葛西地区などの都県境域の地区である。「型」では〇〇／〇●，●●／〇●〇といった形式ゆれが多く現れる（図32）。その中でも，葛西地区は●●／●〇〇，●◎／〇◎●など，辞書記載型の関わらない形式ゆれがみられる。

　注記型が関わる語でも形式ゆれは全域に確認される（図33）。「熊」では花畑地区，水元地区，千住地区や小岩地区に●〇／〇●〇がみられるのに対して，舎人地区，葛西地区ではそれ以外の形式ゆれが多くみられる（図34）。

　次に，ⅣⅤ類における形式ゆれを確認する。ⅣⅤ類における形式ゆれの出現数を話者ごとにプロットしたものが図35，ⅣⅤ類で最も多く形式ゆれがみられた「肩」の出現音調型を確認したものが図36である。

　ⅣⅤ類形式ゆれは出現数が多く，舎人地区，花畑地区，水元地区，篠崎・鹿骨地区，葛西地区などの都県境域の地区に主にみられる（図35）。千住地区，小岩地区，平井・小松川地区にはほとんど出現していない。「肩」では全域に●〇／〇●〇が出現することがわかる（図36）。しかし，篠崎・鹿骨地区は短文に〇●〇が出現するものの，単語単独では●●・〇〇といった●〇以外

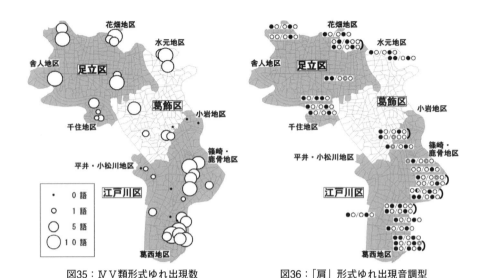

図35：ⅣⅤ類形式ゆれ出現数　　　　　図36：「肩」形式ゆれ出現音調型

の音調型が出現する傾向にある。また，葛西地区は●○●といった，ⅣⅤ類
の辞書記載型とも，典型的な埼玉特殊アクセント型とも異なる音調型が確認
される。

　以上より，形式ゆれはすべての類において多出することがわかった。また，
多種の形式ゆれも確認された。Ⅰ類・ⅡⅢ類で主としてみられた○●／◎●
●や●●／○●○といったゆれは，下降の有無や位置は異ならない。そのた
め，型区別があいまいであるために生じるゆれというよりも，音声実現があ
いまいなために生じるゆれであると捉えられる。アクセント変化の途上にお
いて音声実現のあいまいな話者が現れることは，埼玉特殊アクセント地域に
おいても指摘されている（大橋純一1996）。

　そして，Ⅰ類では○◖／○●○・○◖／○●◎といった形式ゆれも多く現
れた。5.1.，5.2.1.で考察したように，○◖を●○の変異と解釈すると，Ⅰ類
に現れる○◖／○●○・○◖／○●◎は●○／○●○の変異であると考えら
れる。ⅡⅢ類・ⅣⅤ類では●○／○●○が多く現れたことも踏まえると，す
べての類に共通して現れる形式ゆれは●○／○●○であるとみなすこともで
きそうだ。

都県境域に形式ゆれが多くみられる地理的傾向は他の特徴と同様である。しかし，形式ゆれの出現音調型を地区別に確認すると，花畑地区，水元地区は●○／○●○，篠崎・鹿骨地区は音声実現があいまいな形式ゆれ，舎人地区，葛西地区はそれ以外の形式ゆれがみられた。とくに，葛西地区は辞書記載型・埼玉特殊アクセント型が関わらない形式ゆれが出現する傾向にあった。

6. まとめと今後の課題

　ここまで，音調型・ゆれという観点から，2拍名詞単語単独・短文における当該地域アクセントの実態を報告してきた。報告結果を出現音調型と地理的分布の観点からまとめる。

　まず，出現音調型について，単語単独では多数の音調が出現した。その中でも，Ⅰ類・ⅡⅢ類に○●，ⅣⅤ類に●○が多くみられた。短文ではすべての類において○●○が出現しやすい傾向にあることがわかった。

　次に，単語単独の同一語ゆれは出現が少数であったものの，短文の同一語ゆれはすべての類で○●○と辞書記載型と一致する音調型との間でゆれることが確認された。そして，形式ゆれではいずれの類でも●○／○●○がみられ，とくにⅣⅤ類に多く現れた[*6]。

　以上から，当該地域においていずれの類にも現れ，とくにⅣⅤ類で多出する音調型は，"文節末から−2拍目に下降がある型"に収斂されることになる。よって，当該地域において基本アクセントが影響しているという推論が成り立ちそうである。加藤正信（1970），清水郁子（1970），小沼民江・真田信治（1978）においても，"−2型"と解釈できる音調の出現が指摘されており[*7]，都染直也（1983）では，類を問わず出現する"−2型"が型区別のあいまいさにつながることも指摘されている。

　地理的分布という観点からは，第1部第1章と同じく，都県境域ほど埼玉特殊アクセント的特徴が強く，東京中心部付近や東京中心部とのアクセスがよい地域ほど共通語・東京中心部アクセント的特徴の強いことがわかった。この分布は金田一春彦（1942：1948）とほぼ重なるものの，金田一春彦（1942：1948）では「型の区別が多少不明瞭な草加式アクセント」が分布する舎人地区・葛西地区の間には若干の相違がみられた。

舎人地区・葛西地区は同一語ゆれ・形式ゆれが同程度みられたため，どちらも型区別があいまいな地区であると考えられる。しかし，葛西地区において，単語単独のⅣⅤ類で○●，短文のⅡⅢ類で●○●といった埼玉特殊アクセント的な音調型が出現することや[8]，東京東北部全域で出現しやすい○●○が短文のⅡⅢ類では出現しにくいことなどを踏まえると，葛西地区には舎人地区といった埼玉県に近接する地区と異なるタイプのアクセントが分布している可能性が推測される。このような状況は金田一春彦（1942：1948）の調査以降の変化によって成立したのか，元々別タイプのアクセントが分布したことの残存として確認されたのか，本データからは言及できない。今後，双方の隣接地域も調査し，地理的分布を把握する必要があるように思われる。

　平井・小松川地区や小岩地区，千住地区は埼玉特殊アクセント型があまり出現せず，共通語・東京中心部アクセント型が多く出現した。平井・小松川地区，小岩地区は近接する他地域に先がけて京浜アクセントへと変化したという金田一春彦（1948）の指摘と合致する。加えて，これらの地区では注記型も他の地区に比して多く出現する傾向がみられた。ここから，上記3地区は埼玉特殊アクセント的特徴の消失ばかりでなく，東京中心部的な新型の獲得も他地区に比べ早く進んだことが推測される。

　今後は，基本型となるような"文節末－2型"が他のあいまいアクセント地域でも出現するかどうかを調査し，あいまいアクセントに共通してみられる特徴かどうかを検討していきたい。また，この基本型の出現は当該地域アクセントの「あいまい性」・「明瞭性」とどのように関わるのかについても，さらに検討を重ねる必要がある。

1　中・若年層は第1部第1章（林直樹，2012.04）でほぼ共通語化・東京中心部化していることがわかった。
2　言語形成期外の外住歴がある話者は高年層で10人（22.7％）である。
3　以下，音調型ごとに全体の出現度数を示す。表示順は表2・3・4と同様。
　　○●＝472，●●＝119，○○＝83，◎●＝36，○◎＝18，●○＝392，◎○＝32，

●◎＝10，○◐＝68。

4　加藤正信（1970）では，単語単独における共通語化・東京中心部化は短文に比べて早く進むと考察されている。

5　短文の I 類では○●●が51.4%，○●○が16.2%出現した。

6　すべての組み合わせの中で形式ゆれが出現した割合は，I 類で47.5%（123/259），II III 類で43.1%（211/489），IV V 類で42.1%（221/525）。形式ゆれのうち●○／○●○が占める割合は，I 類で0.0%（0/123），II III 類で7.3%（19/259），IV V 類で30.3%（67/221）。5.3.3で類似すると指摘した○◐／○●○も含めて計数すると，I 類で3.3%（4/123），II III 類で13.1%（34/259），IV V 類で35.3%（78/221）となった。IV V 類は他の類に比して●○／○●○が出現しやすいといえる。

　　なお，例外的な音調型が出現する I 類「端」「魚」，II III 類「北」「梨」「人」「熊」「坂」「余所」を除いて計数すると，形式ゆれが出現した割合は，I 類で50.3%（84/167），II III 類で42.4%（92/217）。形式ゆれのうち●○／○●○が占める割合は，I 類で0.0%（0/84），II III 類で4.3%（4/92）。○◐／○●○も含めて計数すると，I 類で1.2%（1/84），II III 類で15.2%（14/92）となった。

7　加藤正信（1970）では IV V 類の単語単独で●○，短文で○●○が出現しやすいことを指摘している。清水郁子（1970）では「雲」「肩」「傘」「声」「猿」といった語において単語単独で●○，短文で○●○が出現することが示されている。小沼民江・真田信治（1978）では足立区の都県境域に IV V 類●○／○●○の組み合わせが出現している。

8　金田一春彦（1942）によれば，典型的な埼玉特殊アクセントでは IV V 類の単独に○●，II III 類の短文に●○●が出現する。また，草加式アクセントでは IV V 類の単独に○●，II III 類の短文に○○●が出現する。ただし，草加式アクセントでも II III 類の単語単独は○●・●○どちらも出現することが記されている。

第3章

東京東北部アクセントの分類と
その変化プロセス
——クラスター分析を用いた話者分類結果から——

１．はじめに

　本章では，埼玉特殊アクセントとの類似性が指摘され，アクセントにおいて個人内・個人間のゆれが大きいとされる東京東北部地域の話者を，多変量解析の手法に基づいて分類することを試みる。当該地域の分類は，第１部第１章・第２章において地理的分布に基づく解釈という手法により試みたため，本章では，同一のデータに対して，多変量解析の手法を用いた，主観によらない話者分類に基づく再解析を行う。その結果を踏まえ，第１部第１章・第２章における主観的分類と，多変量解析を用いた本試行によって導かれた客観的分類との比較を行う。以上の分析結果に基づいて，当該地域アクセントの分布が示す意味や，変化の方向性を明らかにすることを目的とする。

　東京東北部は埼玉県に隣接し，埼玉特殊アクセントと呼ばれる特殊なアクセントに連なる特徴が現れると指摘されてきた（金田一春彦，1942；1948；清水郁子，1970；小沼民江・真田信治，1978；都染直也，1982；1983）。金田一春彦（1942）では当該地域に分布するアクセントのタイプについても言及があり，関東全域に確認される10のタイプのうち，東京東北部には「標準語によく似た京浜アクセント」・「標準語アクセントに準じた館林式アクセント」・「埼玉特殊アクセントに準じた草加式アクセント」の３タイプが分布するとしている。この分類は，話者・単語ごとに出現するアクセントを分析する「型の出現傾向」と，同音異義語の言い分け・聞き分けが可能か，一つの語や類に複数の音調型が出現するか，といった「型の明瞭度」という観点から行われたと整理できる。

　金田一春彦（1942；1948）の調査から約70年後に当該地域アクセントの調査

を行った第1部第1章でも当該地域をアクセントのタイプにより区分した。そこでは，①埼玉特殊アクセント的特徴が強い地域・②埼玉特殊アクセント的特徴から共通語あるいは東京中心部アクセントに移行しつつある地域・③共通語・東京中心部アクセント的特徴が強い地域，という分類を行い，金田一春彦（1942）の分類と大きくは一致する結果を得た。しかし，この分析は以下の問題を積み残した。

1）言語地図の分布状況に基づいて主観的に3タイプに分類したため，分類されたタイプ数・各タイプの性質を客観的に検証することができなかった。

2）「Ⅳ Ⅴ類尾高型」「ゆれ」といった観点から分類を行ったが，分類指標の検討が不足していたため，当該地域アクセントの変化要因を十分に評価することができなかった。

3）当該地域の傾向性を地域ごとに分類するというマクロな捉え方であったため，地域内にみられるであろう個人差の検討が不足した。

そこで，本章では多変量解析の手法を用いた客観的分類を試みる。多変量解析に基づく分析結果からアクセントの変化傾向を明らかにすることは，田中ゆかり（1999）において試みられており，対象地域・指標・手法などが異なる当該地域にも適用できると考えたためである。

2．分析データの概要

本章は第1部第1章・第2章と同一のデータを用いる。

分析対象者は東京東北部（江戸川区・葛飾区・足立区）で言語形成期を過ごした60歳以上の高年層[*1]男女44人。調査方法は質問紙を用いたリスト読み上げ式の面接調査法である。発話形式は単語単独と，「ガ」付き短文の2種。分析対象語は以下の2拍名詞・金田一春彦語類Ⅰ～Ⅴ類（金田一春彦，1974），計28語である。なお，調査を中断したケースも存在するため，各調査語のサンプル数は均一ではない。

Ⅰ類　飴が甘い・魚が大きい・風が吹く・端が出る・鼻がかゆい・百合がある

Ⅱ類　型が古い・北が寒い・梨が出る・橋が見える・人が見える・余所がある

Ⅲ類　犬が走る・熊が出る・坂がきつい・花が届く・山が見える

Ⅳ類　数が大きい・肩が痛い・箸が折れる・船が出る・他がある・松が大きい

Ⅴ類　赤がいい・雨が降る・今がいい・牡蠣がうまい・春が来る

　本章では分析対象語彙の単語単独・短文，二つの形式の発話を分析対象とした。上の方法により集計した総サンプル数は2507（1話者平均56.98）である。

　発話の際は基本的に1文につき1回の発話を依頼したが，同音異義語を混同した場合やⅣⅤ類で埼玉特殊アクセント型が出現した場合，高低差が微妙で下降位置の判定に迷った場合などは複数回の発話を依頼した。

　なお，発話はすべて著者が聞き取りを行った。聞き取りに際しては，先行研究で指摘されている「明瞭ではない高低差」を捉えるため，「低（○）」「中（◎）」「高（●）」3段階で行った*²。例えば，○●○と○◎○は同位置で下降を聞き取っているが，聴覚印象上異なる型と知覚したため，別の音調型に分類した。分類に迷う場合は聴覚印象を優先したが，ピッチ曲線を視認し，音響的な指標も参考とした。ここでは，同一話者における○●○と○◎○のピッチ曲線を図1に示す（図中矢印は下降開始地点）。このように聞き取った音調を以下「音調型」と呼ぶ。音調型の表記は基本的に丸印で行う。

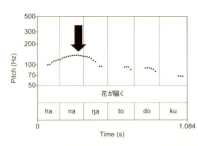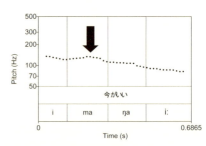

図1：1931年生まれ・江戸川区鹿骨地区生育・男性の発話例（左:○●○，右:○◎○）

3. クラスター分析のプロセス
3.1. 分析手法
　本章では，クラスター分析を用いて話者の分類と類型化を行う。クラスター分析は「分類対象の集合の各要素を個体間の類似度に基づき，いわゆる「似たもの同士」の部分集合に分類する」（佐藤義治，2009：87）多変量解析の手法である。当該地域におけるアクセントの出現状況を量的変数として捉え，話者個人の類似度から客観的な分類を試みるには最適の手法だと考えた。なお，分析にはR言語[*3]（ver2.13.0）のdist関数を用い，ユークリッド距離によりサンプル間の距離を計算した。また，hclust関数を用い，Ward法によりクラスタリングを行った。

3.2. 分析変数
　本章でクラスター分析に用いる量的変数は，音調型・同一語ゆれ・形式ゆれという３種の音調的特徴の出現数である。これらはいずれも東京東北部において出現することが確認されているため（清水郁子，1970；小沼民江・真田信治，1978；都染直也，1982；1983），変数として取り上げた。以下，それぞれの特徴を述べていく。
　音調型は，先行研究の知見に基づき，「辞書記載型」「辞書注記型（以下注記型）」「埼玉特殊アクセント型」「その他」に分類し，変数として用いた。「その他」を除いた三つの分類について，分析対象語ごとに先行研究で指摘のあったアクセント型をまとめたものが表１である。
　「辞書記載型」は，NHK放送文化研究所編（1998），秋永一枝編（2010）に掲出されているアクセント型である。以下，本章では「辞書記載型」を共通語・東京中心部アクセント型とみなす[*4]。「注記型」は，NHK放送文化研究所編（1998），秋永一枝編（2010）に「新型（表中，新）」・「地域型（表中，地）」と注記のある型である。なお，東京都教育委員会編（1986）では，「坂」の「地域型」を伝統的な下町地域にみられるアクセント型としている。新型が報告されているⅡⅢ類の「梨」「北」「熊」「余所」といった語は，当該地域に及ぶ東京中心部的な新しい変化の指標とみて調査語に加えた。「埼玉特殊アクセント型」は，金田一春彦（1942；1948），大橋純一（1996）などで「埼玉特殊

表1：分析対象語で指摘されているアクセント型一覧（単語単独形式/短文形式）

類	語	辞書記載型	注記型	埼玉特殊アクセント型
Ⅰ類	飴・風・端・鼻	○●/○●●		●○/●●○
	魚・百合	○●/○●●		(●○/●●○)
ⅡⅢ類	犬・橋・花・山	○●/○●●		●○/●○○・●◎●
	型	○●/○●●		(◎●/●○○・●◎●)
	坂	○●/○●●	●○/●○○○（地）	●○/●●○
	梨	○●/○●●	●○/●○●○（新）	●○/●●○
	北	○●/○●●	●○/●●○○（新）	●○/●●○
	熊	○●/○●●	●○/●●○○（新）	(◎●/●◎○・●◎◎●)
	余所	○●/○●○		(◎●/●◎●・●◎◎●)
		●○/○●○		○●/○●○
	人	○●/○●●		●○/●●○・●◎●
ⅣⅤ類	雨・今・肩・箸・春・船・松	●○/●○○		○●/○●○
	赤・牡蠣・数	●○/●○○		(○●/○●○)
	他	●○/○●●		(●○/●●○)

アクセントの最典型」とされている型である[*5]。以上の音調型は，それぞれについて各話者・各語における出現数を計数した。

　次に，2種のゆれについて概説する。「同一語ゆれ」は「同一話者・同一語彙・同一発話形式において複数の音調型が出現するゆれ」とする。例えば，「肩（単語単独）」において●○－○●，「肩ガ（短文）」において●○○－○●○という複数の音調型が出現した場合である。●○○－○●○－○●●など，三つの音調型間でゆれている場合も，出現数を1と計数した。

　「形式ゆれ」は単語単独形式と短文形式間のゆれ，すなわち「同一話者・同一語彙・異なる発話形式において複数の音調型が出現するゆれ」とする。例えば，「肩」の単語単独では●○，短文では○●○が出現した場合である。なお，単語単独では●○，短文では○●○・○●●など，発話形式間のゆれが複数みられた場合は，出現数を2と計数した。

　以上の特徴は，それぞれⅠ類・ⅡⅢ類・ⅣⅤ類ごとに集計し[*6]，クラスター分析に用いる変数とした。なお，注記型が記載されているⅡⅢ類の語は，同

一語ゆれ・形式ゆれでは"ⅡⅢ類例外"という別の変数とした。注記型が指摘されている語でゆれがみられた場合，埼玉特殊アクセント的特徴としてゆれているのか，共通語・東京中心部アクセント的なアクセント間でゆれているのかの判断がつきにくいためである。変数を一覧表の形で示したものが表2である。

　実際のデータセットは，行に話者・列に変数をとり，話者ごとに各変数の出現数を配置した[7]（表3）。

表2：クラスター分析に用いた変数一覧

音調型	同一語ゆれ	形式ゆれ
単語単独辞書記載型 （Ⅰ類・ⅡⅢ類・ⅣⅤ類） 短文辞書記載型 （Ⅰ類・ⅡⅢ類・ⅣⅤ類） 単語単独注記型（ⅡⅢ類） 短文注記型（ⅡⅢ類） 単語単独 埼玉特殊アクセント型 （Ⅰ類・ⅡⅢ類・ⅣⅤ類） 短文埼玉特殊アクセント型 （Ⅰ類・ⅡⅢ類・ⅣⅤ類）	単語単独同一語ゆれ[8] （ⅡⅢ類・ⅡⅢ類例外・ⅣⅤ類） 短文同一語ゆれ （Ⅰ類・ⅡⅢ類・ⅡⅢ類例外・ ⅣⅤ類）	形式ゆれ （Ⅰ類・ⅡⅢ類・ ⅡⅢ類例外・ⅣⅤ類）
6特徴・14変数	2特徴・7変数	1特徴・4変数
計9特徴・25変数		

表3：データセット形式

話者	単語単独埼玉型 （Ⅰ類）	…	短文注記型 （ⅡⅢ類）	…	形式ゆれ （ⅡⅢ類）	形式ゆれ （ⅣⅤ類）
1	5		2		0	4
2	6		0		4	3
…						

4. クラスター分析結果

4.1. クラスター分析による話者の群化

　クラスター分析結果を示したものが図2である。それぞれの話者は「地区－生年－性別（以上の情報がすべて重複する話者は番号を追加）」で表している。

　分析の結果，東京東北部高年層は大きく2群，小さく4群に分化された[*9]。各群は上からA群・B群，細分類されたそれぞれの群は1群・2群と仮称する。

　図2から，A1群・A2群・B1群は同数程度の話者が分類され，B2群に最も多くの話者が分類されていることがわかる。各群の話者の地区をみると，大分類されたB群に平井や小岩・千住といった地区の話者が集中するものの，細分類された群にいずれかの地区の話者が集中する傾向は認められない。ここから，同一地区の話者のみで形成される群はないことがわかる。当該地域内の個人差が反映された結果だと考えられる。

　性差という観点からみると，女性全11人中9人（81.8%）が属しているB群は，女性が比較的多く属する群だといえそうである。また，各群の調査時の平均年齢を比較すると，A1群は75.3歳，A2群は71.1歳，B1群は71.5歳，B2群は72.7歳であった。一元配置分散分析を行ったところ，各群の年齢の平均値に有意差はみられなかった（$df=3$，$F=0.498$，$p=0.686$）ため，年齢と所属群は関連があるとはいえないこともわかった。

4.2. 変数からみた群の特徴

　次に，それぞれの群の特徴を把握するため，群ごとに今回取り上げた変数の平均値をみていく（表4）。ここではクラスター分析により群化された話者群の特徴を把握するため，変数別に群ごとの一元配置分散分析を行った[*10]。分散分析は，「1つもしくは複数個の因子の異なる水準が特性値の平均にどのような差をもたらすかを統計的に調べる手法」（岩崎学ほか編，2004）で，本章では水準がクラスター分析によって得られた群，因子が表2の変数にあたる。分散分析の際には等分散性の検定を行い，5％水準で有意差が確認されない変数にはaov関数を用いて等分散性が仮定される分散分析を，有意差が確認される変数にはoneway.test関数を用いて等分散性を仮定しない分散分析を行った。また，等分散性が仮定される変数にはTukeyHSD関数を用いて，

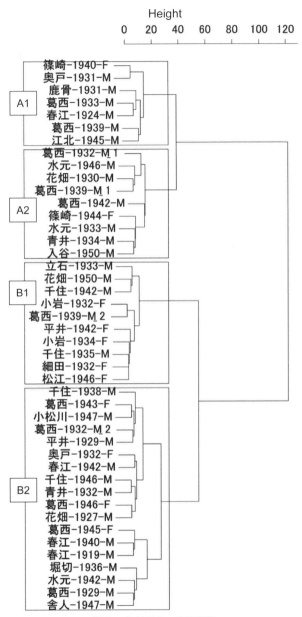

図2：クラスター分析結果

TukeyHSD法による多重比較を行った。等分散性が仮定されない変数には
tukey関数を用いて，Games-Howell法による多重比較を行った。以下，5％
水準で有意差のあったものについて，「差がある」「多い」「少ない」と言及
していく。

表4：群ごとの各変数平均値

（グレーの網掛け部分が埼玉特殊アクセントの特徴。＊は多重比較の結果5％水準で有意差がみられた群間に付与）

	注記型		辞書記載型		埼玉特殊アクセント型		同一語ゆれ		形式ゆれ
	単語単独	短文	単語単独	短文	単語単独	短文	単語単独	短文	
A1	0.14	1.29	19.86	13.71	2.00	6.00	0.29	1.00	12.29
A2	1.00	0.89	9.00	7.67	2.56	6.00	1.11	2.00	21.78
B1	1.50	2.10	24.80	24.00	0.30	0.40	0.20	0.60	3.10
B2	1.17	1.89	16.61	17.44	0.61	1.44	0.67	1.28	12.83
計	1.05	1.64	17.43	16.34	1.16	2.86	0.59	1.23	12.36

　表4からは，同一語ゆれ以外の変数はいずれかの群間において差があるこ
とがわかる。とくに，A2群とB1群の間には他の群に比べ多くの変数にお
いて差が認められる。

　分析に用いた変数の観点から群ごとの性質を把握していくと，A1群は単
語単独・短文の辞書記載型出現数がB1群よりも少ないことがわかる。対し
て，短文の埼玉特殊アクセント型・形式ゆれはB1群よりも多く出現している。

　A2群は短文の注記型，単語単独・短文の辞書記載型出現数がB1群や
B2群に比べて少ない。一方，埼玉特殊アクセント型は単語単独・短文とも
にB1群やB2群よりも多く出現している。形式ゆれはすべての群に比べて
出現数が多い。

　B1群は注記型・辞書記載型の出現数が最も多く，それぞれの変数でいず
れかの群との差が確認される。とくに短文の辞書記載型はすべての群に比べ
多く出現している。しかし，埼玉特殊アクセント型の出現数は最も少なく，
短文ではすべての群に比べ出現数が少ない。形式ゆれもすべての群に比べ少
ない値を示している。

B２群は単語単独・短文の辞書記載型でB１群との間に差が確認され，出現数が少ないことがわかる。しかし，短文の辞書記載型はA１群・A２群よりも多く出現しているため，辞書記載型は一定数出現するといえる。形式ゆれもB１群・A２群との間で差があり，A２群ほど多出しないものの，B１群よりは出現することがわかる。

　次に，各変数の出現傾向を詳細に検討するため，有意差が確認された単語単独辞書記載型・短文辞書記載型・単語単独埼玉特殊アクセント型・短文埼玉特殊アクセント型の類・群ごとの平均出現数をみていく[11]（表５）。

表５：類・群ごとの各変数平均出現数（辞書記載型・埼玉特殊アクセント型。
グレーの網掛け部分が埼玉特殊アクセント的特徴。*は多重比較の結果５％水準で有意差がみられた群間に付与）

	単語単独辞書記載型			短文辞書記載型			単語単独埼玉特殊アクセント型			短文埼玉特殊アクセント型		
	I類	ⅡⅢ類	ⅣⅤ類	I類	ⅡⅢ類	ⅣⅤ類	I類	ⅡⅢ類	ⅣⅤ類	I類	ⅡⅢ類	ⅣⅤ類
A1	5.71	8.00	6.14	2.86	9.00	1.86	0.00	0.00	2.00	0.00	0.00	6.00
A2	1.00	2.78	5.22	0.67	5.89	1.11	0.67	1.11	0.78	0.00	0.11	5.89
B1	5.80	8.30	10.70	4.50	8.90	10.60	0.00	0.00	0.30	0.00	0.00	0.40
B2	2.67	5.11	8.83	2.11	6.83	8.50	0.06	0.11	0.44	0.11	0.06	1.28
計	3.52	5.82	8.09	2.48	7.45	6.41	0.16	0.27	0.73	0.05	0.05	2.77

　全体の傾向をみると，表４の結果とほぼ一致する。しかし，辞書記載型はすべての類でいずれかの群間に差がみられるのに対し，埼玉特殊アクセント型は短文ⅣⅤ類にのみ群間の差がみられる点が異なる。群ごとにみると，A１群・A２群はB１群・B２群に比べ多出していることがわかる。また，有意差は認められないものの，他の群ではほとんど出現しない単語単独I類・ⅡⅢ類の埼玉特殊アクセント型がA２群で相対的に多く出現することも確認される。

4.3. 話者の所属群の地理的分布

　次に，クラスター分析によって分類された話者の地理的分布状況をみていく。各群に所属する話者を地図上にプロットしたものが図３である[12]。図３には，話者の言語形成期に最も重なる1950年に開通していた鉄道路線・鉄

道駅を合わせて示している。

　図3から、B1群・B2群は東京中心部に近接する地域に、A1群・A2群は都県境付近に分布していることがわかる。また、A1群は、舎人地区の南側に位置する話者を除き、葛飾区と江戸川区の境界以南に分布する傾向もみられる。周辺地区ほど多種の群が分布する傾向も観察される。

図3：話者の所属群の地理的分布

　図3で1950年当時にすでに鉄道路線が開通している平井・小松川地区や小岩地区、千住地区はB1群・B2群の話者のみが分布することもわかる[*13]。一方、近隣に鉄道駅が整備されておらず、東京中心部へのアクセスが良好ではなかった舎人地区、葛西地区などは、A1群・A2群が分布している。ただし、舎人地区、葛西地区においては地区内の個人差も大きく、A群だけが分布するわけではないことが確認できる。

5. クラスター分析結果にみる東京東北部アクセントの分類と変化プロセス
5.1. タイプ数と各タイプの性質

　以上の結果を基に各群を命名（解釈）し，それぞれの性質を音調型とゆれの出現傾向をまとめると，次のようになる。

　　A群：「埼玉特殊アクセント的特徴が主に出現する話者群」
　　　A1群：「準埼玉特殊アクセント的話者群」
　　　　　　音調型：短文ⅣⅤ類に埼玉特殊アクセント型が多出，辞書記
　　　　　　　　　　載型も出現する
　　　　　　ゆ　れ：形式ゆれが出現する傾向
　　　A2群：「埼玉特殊アクセント的話者群」
　　　　　　音調型：埼玉特殊アクセント型が最も多く出現，辞書記載型
　　　　　　　　　　はあまり出現しない
　　　　　　ゆ　れ：形式ゆれが最も多く出現
　　B群：「共通語・東京中心部アクセント的特徴が主に出現する話者群」
　　　B1群：「共通語・東京中心部アクセント的話者群」
　　　　　　音調型：注記型・辞書記載型が最も多く出現
　　　　　　ゆ　れ：同一語ゆれ・形式ゆれともほぼ出現しない
　　　B2群：「準共通語・東京中心部アクセント的話者群」
　　　　　　音調型：注記型・辞書記載型中心に出現
　　　　　　ゆ　れ：形式ゆれが出現する傾向

5.2. 分類指標の評価

　群間に認められる有意差の出現数（表4）と，5.1.の結果を踏まえると，今回分析に用いた注記型・辞書記載型・埼玉特殊アクセント型・同一語ゆれ・形式ゆれの5特徴のうち，当該地域話者を分類する指標としては，以下の三点が重要だと考えられる[14]。

　　1）辞書記載型（全6群間で有意差あり）
　　2）形式ゆれ（5群間で有意差あり）

3）埼玉特殊アクセント型（4群間で有意差あり）

　類ごとの分析では，1）・3）ともに短文ⅣⅤ類で4群間に有意差があり，とくにA群・B群間にはすべての組み合わせで有意差がみられた。そのため，短文ⅣⅤ類において辞書記載型・埼玉特殊アクセント型のどちらが強い出現傾向を示すかによって，当該地域話者は大きく二分されたといえる。

　辞書記載型の短文ⅣⅤ類は●○○であり，B群に多出した。ここから，短文ⅣⅤ類●○○の出現が共通語・東京中心部アクセント的特徴を形成する主な指標だと主張できそうである[*15]。

　一方，埼玉特殊アクセント型の短文ⅣⅤ類は○●○であり，この音調型はA群に多出した。これは，第1部第1章・第2章でも指摘した「文末から数えて−2の位置に下降が生じる基本アクセント的な型」が現れたものと考えられる。つまり，基本アクセント的な "−2型" の出現が，埼玉特殊アクセント的特徴を持つ話者群を識別する大きな指標となる可能性を指摘できる。加えて，A2群は単語単独のⅡⅢ類にも埼玉特殊アクセント型の●○が出現する傾向がみられたため，類や発話形式を問わず "−2型" が出現する群だと考えられる。埼玉特殊アクセント地域を広く分析した都染直也（1983）でも，類に関係なく●○・○●○が現れる傾向が指摘されている。

　A群・B群それぞれの下位区分に影響を与えている特徴は，形式ゆれと考えられる。形式ゆれは，助詞のない形式から助詞がついた形式に変わったために生じたゆれというよりも，助詞がついたことにより拍数が変動したために生じたゆれだと推測できる（第1部第1章・第2章）。このゆれは，型区別のない無アクセント地域において一貫して現れることから，「型意識が明瞭→曖昧→無へと変化する過程を考察する材料としても利用できる」（佐藤亮一，1974：73）と指摘されている。

5.3.　群ごとの特徴からみるアクセント変化プロセス

　次に，各群の性質と地理的分布を踏まえ，当該地域アクセントの変化傾向について考察する。本章では，4.3.において，東京東北部の周辺部や，鉄道の敷設が進まずに都市化の遅れた地区は主にA群が分布すること，早い時期

から鉄道の敷設が進み都市化が先行した地区は主にB群が分布することを指摘した。以上の地域差は共通語・東京中心部アクセント化の遅速差と捉えられるため，当該地域アクセントには「埼玉特殊アクセント的特徴（A2群）」→「準埼玉特殊アクセント的特徴（A1群）」→「準共通語・東京中心部アクセント的特徴（B2群）」→「共通語・東京中心部アクセント的特徴（B1群）」という変化プロセスが推定される。

　また，この変化プロセスをそれぞれの群に現れる分類指標に置き換えると，−2型・形式ゆれ多出→−2型多出（短文ⅣⅤ類のみ）・形式ゆれ出現→1型多出・形式ゆれ出現→1型多出，という流れがあったことになる。つまり，当該地域アクセントの共通語化・東京中心部化は，"短文ⅣⅤ類において，地域アクセント的な−2型という音調型が共通語・東京中心部アクセントと同型の1型に変化すること"と，"形式ゆれが消失すること"により完了すると考えられる。

　ただし，地域を構成する成員である個々の話者がすべて同じ変化プロセスの段階にあるわけではなく，同一地域内においても地域の主流をなす群とは異なる群に属する話者の存在も確認された。これは，話者一人一人の社会的属性や指向性などによる差異が影響したものと考えられる。
このように，東京東北部高年層のアクセントは地域的な要因と個人的な要因が交錯した結果，地域差だけでは説明しにくい複雑な分布状況を示すようになったと推測される。ここから，4.3.の「周辺地域ほど多種の群が分布する傾向」は，東京東北部の周辺地域には埼玉特殊アクセント的特徴が残存する一方で，共通語・東京中心部アクセント化が先行している話者が存在するために確認されたのだと捉えられる。他方で，早くから都市化が進行した地域は共通語・東京中心部アクセント化が完了しつつあるため，個人差が顕在化しにくく，少数の群に収斂した分布状況を示しているのだと思われる。

6.　先行研究における分類群との比較・対照

　本章では，高年層を対象とした分析の結果，東京東北部の高年層話者は，大きく2群，細かく4群に分類できることを指摘した。本章の分類の特徴を把握するため，本章の分類結果を先行研究の金田一春彦（1942）・第1部第1

章と対照する（表6）。なお，金田一春彦（1942）の調査は10代前半の児童を
対象とし，1937－39年に行われているため，本章で考察対象とした高年層の
10－20歳上の世代が主な考察対象となっている。表6の各群は，上から下へ
という変化プロセスを想定した配置とした。

表6：本章の分類と先行研究の分類との対応関係

金田一春彦（1942）	第1部第1章	本章
埼玉特殊アクセントに準じた，型区別が明瞭でない草加式アクセント	埼玉特殊アクセント的特徴が強いタイプ	埼玉特殊アクセント的話者群
標準語アクセントに準じた，型区別が明瞭でない館林式アクセント	埼玉特殊アクセント的特徴から共通語あるいは東京中心部アクセント的特徴に移行しつつあるタイプ	準埼玉特殊アクセント的話者群
型区別があり，明瞭な京浜アクセントの変種[*16]		準共通語・東京中心部アクセント的話者群
標準語によく似た，型区別の極めて明瞭な京浜アクセント	共通語あるいは東京中心部アクセント的特徴が強いタイプ	共通語・東京中心部アクセント的話者群

　全体の分類では，金田一春彦（1942）・第1部第1章・本章ともに大局は一
致するといえる。相違点としては，第1部第1章における「移行しつつある
タイプ」が，本章では「準埼玉特殊アクセント話者群」・「準共通語・東京中
心部アクセント話者群」に分かれた点が挙げられる。この2群は，形式ゆれ
の出現傾向は共通するものの，短文ⅣⅤ類において埼玉特殊アクセント的な
"－2型"が出現しやすいか，共通語・東京中心部アクセント的な1型とみ
なすことのできる音調型が出現しやすいかという大きな違いがある。また，
図3の地理的分布を確認しても，「準埼玉特殊アクセント話者群」と「準共
通語・東京中心部アクセント話者群」の分布領域はさほど重なっていないこ
とがわかる。これらから，同一のデータを用いた第1部第1章の「移行しつ
つあるタイプ」が「準埼玉特殊アクセント話者群」・「準共通語・東京中心部
アクセント話者群」に二分された本分類の方が，東京東北部アクセントの状
況をより詳しく捉えた分類だということができる。

一方，本章の分類と金田一春彦（1942）の分類は分類数・タイプの性質もほぼ一致するといえるが，完全に一致しているわけではない。これは，本章が東京東北部内の類似度を元にした分類であるのに対して，金田一春彦（1942）は関東全域を対象にした分類であるために，東京東北部に焦点を絞った本章とは各群の位置づけ方や群の性質の記述が異なったのだと推測される。

　当該地域アクセントの変化プロセスも，位置づけ方や記述の異なりが部分的にみられる。表6は埼玉特殊アクセントから共通語・東京中心部アクセントへの単線的な変化プロセスを想定しているが，金田一春彦（1942）は，「京浜アクセント」・「館林式アクセント」を千葉県の房総アクセントの影響も受けたタイプと位置づけている。第1部第2章においても，当該地域のうち千葉県に隣接する葛西地区に“－2型”とは異なる埼玉特殊アクセント型が出現したことを踏まえると，当該地域アクセントの変化プロセスにおいては，埼玉特殊アクセント地域以外の影響を受けた，より複線的なプロセスが存在する可能性も考えられる。

7.　おわりに

　以上，本章では第1部第1章と同一のデータを用いて当該地域アクセントの特徴を変数とした話者分類を行い，埼玉特殊アクセントから共通語・東京中心部アクセントに至る変化プロセスを明らかにしてきた。先行研究の主観的分類と，本章の客観的手法に基づく4分類を比較したところ，4分類が当該地域アクセントの状況をより詳しく捉えたものである可能性を指摘した。また，「－2型という地域アクセントを特徴付ける音調型が共通語・東京中心部アクセントと同型の1型に変化すること」，「型意識の非明瞭さを表す形式ゆれが消失すること」の二つの特徴が当該地域アクセントの特徴を捉える際の重要な指標となることを示した。

　本章では，当該地域アクセントの特徴を数値化し，指標として用いたが，各話者・各語においてどのような音調型が出現するか，という指標を用いた分類には至らなかった。より生データに近い質的変数を用いた話者や音調型のクラスタリングを行い，本章結果と比較することによって，当該地域アクセントの変化傾向をさらに詳細に明らかにすることができると考える。

また，本章ではクラスター分析を用いたが，田中ゆかり（1999）で試みられているように，林の数量化Ⅲ類といった他の分類手法を用い，そこから得られた分類を比較することも今後検討するべき課題である。

　加えて，本章で指摘した東京東北部アクセントの変化プロセスにみられる複線性も，当該地域アクセントの複雑性や多様性を解明するためには重要な課題となる。あいまいアクセントとして言及された他の地域でも，複線的な分類・類型ができるかどうかを探っていきたい。

1　第1部第1章で，当該地域の中年層や若年層には先行研究で指摘された埼玉特殊アクセント的特徴がみられないことがわかったため，本章では高年層のみを分析対象とした。なお，本章や第1部第1章・第2章では，慣例に従い，調査当時の20代・30代を若年層，40代・50代を中年層，60歳以上を高年層と区分した。

2　本章における音調型の認定は，当該地域をフィールドとする一人の聴取者による一貫した聞き取りによることとした。中井幸比古（2012）においても，音調型の認定に際しては，聞き取りによる分析から入ることの重要性が指摘されている。当該地域話者の音響的な特性については，本書第2部以降で検討する。

3　http://cran.md.tsukuba.ac.jp/からダウンロードした。

4　「余所」のみ辞書記載型が2種類記載されているが，この型が記載されているのはNHK放送文化研究所編（1998）のみであり，秋永一枝編（2010）では●○／●○○が記載されていなかった。また，日本放送協会編（1966）にも●○／●○○は記載されていないため，●○／●○○は比較的新しい型だと考えられる。そのため，以下ではこの型を新型とみなす。

5　「埼玉特殊アクセント」の型が先行研究において確認されない語は，共通語・東京中心部アクセントとの対応関係により予想される出現型をカッコ内に示した。

6　共通語・東京中心部アクセントや首都圏アクセントと同様のⅠ／ⅡⅢ／ⅣⅤ類という区別に基づいた。なお，東京東北部や埼玉東部域に分布する埼玉特殊アクセント・あいまいアクセントは，首都圏の広域に分布する京浜系アクセントとは異なる特徴が現れると指摘されている（金田一春彦，1942；1948）。首都圏広域のアクセントを調査した田中ゆかり（2010）においても，埼玉東部域のアクセントは「共通語基盤方言としての首都圏における方言アクセントのアクセント動向について検討する

データとしては不適当と判断した」（p.233）とあるように，首都圏アクセントとしての分析対象から除外している。よって，本章においても東京東北部アクセントは首都圏アクセントとは異なる体系のアクセントが分布する地域という考えに立って議論を進める。

7　すべての話者に対して複数回発話を依頼していないため，同一語ゆれは計数対象となる発話がない話者も存在した。そのため，複数回発話を行っていない話者に対しては最頻値を代入した（竹内啓編，1989）。最頻値はいずれの変数も 0 である。

8　Ⅰ類に単語単独の同一語ゆれは出現しなかった。

9　分類の妥当性について，「異なる多変量解析法による一致」（Romesburg, 1992：329）を試みた。本章では，クラスター分析を行ったデータの変数を独立変数，クラスター分析によって得られた群を従属変数とした判別分析を行った。分析はR言語のlda関数を用い，強制投入法により行った。分析に際しては，leave-one-out法による交差確認を行った。

　　判別分析の結果，2 群の正判別率は88.6％，3 群は77.3％，4 群は72.7％，5 群は63.6％を示した。ここから，最も高い正判別率を示す 2 群を大分類，正判別率が 5 群ほど減少しない 4 群を小分類とする解釈が妥当だと判断した。

10　一元配置分散分析の結果を以下に記す。等分散性が仮定されない変数には*を付した。

　　　単独注記型　　$df=3$，$F=4.152$，$p=0.012$
　　　短文注記型　　$df=3$，$F=3.952$，$p=0.015$
　　　単独辞書記載型　$df=3$，$F=32.140$，$p=0.000$
　　　短文辞書記載型　$df=3$，$F=59.710$，$p=0.000$
　　　単独埼玉特殊アクセント型*　$df=3$，$F=6.361$，$p=0.005$
　　　短文埼玉特殊アクセント型*　$df=3$，$F=18.409$，$p=0.000$
　　　単独同一語ゆれ*　$df=3$，$F=2.778$，$p=0.069$
　　　短文同一語ゆれ　$df=3$，$F=1.704$，$p=0.182$
　　　形式ゆれ　$df=3$，$F=33.920$，$p=0.000$

11　群・類ごとの平均値の差の検定でも同様の手順により分散分析と多重比較を行った。結果の詳細を以下に記す。なお，埼玉特殊アクセント型のⅠ類・ⅡⅢ類は単語単独・短文ともに少なくとも一つのグループに 0 分散が存在したため，検定を行えなかった。

　　　単語単独辞書記載型　Ⅰ類　$df=3$，$F=127.082$，$p=0.000$
　　　ⅡⅢ類*　$df=3$，$F=24.120$，$p=0.000$
　　　ⅣⅤ類　$df=3$，$F=15.815$，$p=0.000$

短文辞書記載型　Ⅰ類　*df* = 3，*F* = 11.050，*p* = 0.000
　　　　　　　Ⅱ Ⅲ類　*df* = 3，*F* = 13.111，*p* = 0.000
　　　　　　　Ⅳ Ⅴ類*　*df* = 3，*F* = 110.500，*p* = 0.000
単語単独埼玉特殊アクセント型
　　　　　　　Ⅳ Ⅴ類*　*df* = 3，*F* = 2.656，*p* = 0.082
短文埼玉特殊アクセント型
　　　　　　　Ⅳ Ⅴ類*　*df* = 3，*F* = 17.208，*p* = 0.000

12　第1部第1章・第2章では交通網の敷設時期と埼玉特殊アクセント的特徴の地理的分布状況の関連性の強さを指摘したため，交通網の情報も図中に表示した。

13　平井・小松川地区を通る総武線は1899年，千住地区を通る常磐線は1896年に開通している。

14　注記型については単語単独・短文ともに二つの群間で有意差が確認され，同一語ゆれはいずれの群間でも有意差が確認されなかった。

15　典型的な埼玉特殊アクセント地域においても，共通語化の際はこのような傾向を示すことが確認されている（大橋純一，1996）。具体的には，「Ⅳ Ⅴ類が不変化のA段階」から「Ⅳ Ⅴ類の変化するB段階」へと変化していき，最終的に共通語・東京中心部アクセントと同様のⅣ Ⅴ類●○○が出現するようになると指摘されている（p.87）。つまり，○●○⇒●○○という音調型の変化を経ることが，共通語・東京中心部化完了の指標となっているのだと推測される。

16　金田一春彦（1942）ではこのタイプのアクセントが当該地域に分布するとは指摘されていない。しかし，「準共通語・東京中心部アクセント的話者群」に最も類似するタイプだと考えたために，対応させて示した。

第2部

音響的特徴からみたあいまいアクセントと明瞭アクセントの関係性
──首都圏東部域を中心として──

第2部の目的

　第1部の分析を通じて，東京東北部では現在も埼玉特殊アクセント的な特徴が出現することがわかった。しかし，ここでの分析は分析者本人の主観による音調型の認定に基づくものであり，従来指摘されてきた「明瞭ではない高低差」の実態については，検討の余地が残った。さらに，金田一春彦（1956）や佐藤亮一（1974）に言及があるように，あるアクセントが変化の途上にある場合，高低差以外にも中間的・あいまいな音声的特徴が観察されることが予想される。

　第1部第3章において，当該地域アクセントの分類，ならびにそこから浮かび上がる各タイプの特徴付けを考察したところ，おおむね金田一春彦（1942：1948）と同様の結果が得られた。しかし，同様のタイプに分類された埼玉特殊アクセント的特徴を有する話者でも，出現する音調型を詳細に検討すると，埼玉寄り・千葉寄りといった地域ごとにさらに細区分できることも示唆された。このことから，当該地域アクセントは「あいまいアクセント」⇔「明瞭アクセント」という単純な変化ではなく，周辺地域の影響を受けた複線的な変化が生じていることが推察される。この傾向をさらに分析するには，東京東北部だけでなく，より広域の調査が必要になるといえる。

　そこで，第2部では，「明瞭ではない高低差」や，高低差だけでは捉えられないアクセントの特徴を明らかにするため，音響的なアプローチによる分析を試みる。その際に用いるデータは，東京東北部だけでなく，埼玉東部・千葉西部も対象とした首都圏東部域のものとする。これにより，第1部で積み残した上記の課題を解決し，首都圏東部域アクセントの「あいまい性」・「明瞭性」の関係について検討を加えることが可能になる。

　第2部は4章からなる。

　第1章では，アクセントの「あいまい性」・「明瞭性」を考察するための音

響的分析の方法，ならびに指標化のプロセスについて記述する。これにより，アクセントの下がり目の有無と下がり目の位置という，弁別的機能に関わる特徴が定量的に把握できることを述べる。

　第2章以降は，第1章で構築したデータを用いた分析例を示していく。第2章は，第1章で指標化のプロセスを記述した，下降幅と相対ピーク位置という二つの指標を用いて首都圏東部域アクセントの分析を行う。さらに，この二つの指標の出現傾向を東京中心部話者と比較，対照することにより，首都圏東部域アクセントの特徴を浮かび上がらせ，アクセントの「あいまい性」・「明瞭性」の関係性を捉えていく。

　第3章は，第2章で用いた二つの指標を用いて，型区別・ゆれといった特徴を数値化して把握することを試みる。この分析により，第2章で言及した「あいまい性」・「明瞭性」を別の観点から捉えることが可能になると考えられる。

　第4章は，第2章・第3章で検討した音響的指標に基づく総合的な分析を行う。ここでは，多変量解析の一種であるクラスター分析により首都圏東部域・東京中心部話者の分類を試み，当該地域アクセントの特徴を把握する。これらの分析を通じて，あいまいアクセント・明瞭アクセントの分類と，その関係性について考察する。

　以下では，各章の目的を簡略に記す。

第1章　アクセントの「あいまい性」を捉えるための音響的指標の検討と分析データの構築——首都圏東部域を中心として——

　まず，第1章では，首都圏東部域アクセントにおける「あいまい性」を客観的に捉えることを目的とし，音響的指標の検討を行う。アクセントの「あいまい性」を捉えるための指標としては，先行研究の記述を参考に「下降幅」「相対ピーク位置」を導入する。下降幅は下がり目の有無，相対ピーク位置は下がり目の位置に関連する特徴であり，これにより当該地域アクセントの微妙な高低差や聞き取りの困難さの要因を明らかにすることができると考えたためである。これらの指標を算出するための，データ構築方法と音声データへのタグ付けの方法も記述していく。

音響的指標を用いた分析も試行し，下降幅・相対ピーク位置の2指標により共通語・東京中心部アクセントにおけるアクセント型の特徴を捉えられることを述べる。また，下降幅と相対ピーク位置の出現傾向から，首都圏東部域アクセントの「あいまい性」の要因を考察し，首都圏東部域における「あいまい性」を明らかにするためには，下降幅と相対ピーク位置，どちらも併せて検討する必要があることを指摘する。

第2章　音響的特徴からみた明瞭アクセント・あいまいアクセントの関係性
——下降幅と相対ピーク位置を指標として——

　第2章では，下降幅・相対ピーク位置の2指標を用いて，当該地域話者の音響的特徴を分析する。首都圏東部域話者と東京中心部話者の音響的指標の出現傾向を対比的にみることで，音響的指標からみたアクセントの「あいまい性」「明瞭性」の関係性を明らかにすることを試みる。

　第2章における分析では，首都圏東部域話者は，東京中心部の話者よりも下降幅が小さく，相対ピーク位置が語ごとにあまり区別されておらず，ゆれも大きいことを確認していく。また，話者ごとの指標出現傾向も検討し，最後に当該地域アクセントの「あいまい性」・「明瞭性」のタイプを概観する。

第3章　音響的特徴によるアクセントの型区別・ゆれの把握
——語間距離・語内距離を用いた検討——

　第3章では，2章で分析した音響的指標を用い，「型区別」と「ゆれ」といった観点から当該地域アクセントの特徴を把握する。とくにここで指標とするのは「語間距離」「語内距離」という2種類の“距離”である。

　本指標を用いた分析では，語間距離のうち，下降幅は東京中心部話者で明瞭になり，首都圏東部域話者であいまいになる傾向がみられること，相対ピーク位置は東京中心部話者でも個人差が大きく，首都圏東部域話者に比べて距離が大きく離れているわけではないことをみていく。

　また，語内距離の分析も行い，いずれの地域でも個人差の大きさが確認される一方，尾高型相当語の相対ピーク位置は，地域差がみられることを指摘する。

最後に，これらの特徴を統合的に把握するため，「型区別面積」「統合語内距離」という指標を導入し，統合的な分析を行う。この統合的な分析により，首都圏東部域話者は型区別面積が小さいことに加えて，統合語内距離の個人差，すなわち個人間のゆれの度合いが激しいことを確認していく。また，これらの結果から，当該地域アクセントの特徴として指摘されてきた「個人差の大きさ」について，考察を行う。

第4章　首都圏東部域アクセントの「あいまい性」・「明瞭性」
——音響的指標に基づく分類結果から——

　第4章では，第2部で分析に用いてきた音響的指標を変数とし，多変量解析の一つであるクラスター分析による首都圏東部域・東京中心部アクセントの分類を試みる。

　この分析により，当該地域アクセントは大きく明瞭群，高低差不明瞭群，型区別不明瞭群の3群に分類される結果が得られること，明瞭群と不明瞭群の間では下降幅が，高低差不明瞭群と型区別不明瞭群の間では相対ピーク位置が大きく異なることを指摘する。また，ここで得られた分類の結果，当該地域アクセントの関係性，ならびに変化の傾向性は，下降幅・相対ピーク位置の明瞭性により捉えられることを述べる。

　以上の分析結果を受けた上で，先行研究の分類と地理的分布の比較も行い，本分析による分類が首都圏東部域アクセントにおける「個人間のゆれ」を明示的に捉えていることを述べていく。さらに，明瞭アクセント・あいまいアクセント・不明瞭アクセント間の関係性や，無アクセント・一型アクセントといったアクセントとの関係性を考察していく。

第1章

アクセントの「あいまい性」を捉えるための
音響的指標の検討と分析データの構築
——首都圏東部域を中心として——

1．はじめに

　本章は，首都圏東部域アクセントの「あいまい性」を客観的に捉えるための音響的指標を提案することを目的とする。その上で，音響的指標を用いて当該地域アクセントの特徴を把握し，本手法を適用した今後の研究方針についても述べていく。

　首都圏東部域では，金田一春彦（1942：1948）によってあいまいアクセントが分布することが指摘され，以降「埼玉特殊アクセント」と指摘された地域を中心に，1970−80年代に多くの研究がなされてきた（秋永一枝・佐藤亮一・金井英雄，1971：木野田れい子，1972：小沼民江・真田信治，1978：都染直也，1982：1983：大野真男，1984：大橋勝男，1984：井上史雄，1988：荻野綱男，1993：吉田健二，1993：大橋純一，1995：1996：亀田裕見，2014）。このようなアクセントの「あいまい性」の特徴としては，発話ごとに音調が異なる“ゆれ”が現れることや，東京中心部のように明瞭な型区別があるかどうか，といったことが挙げられてきた。また，「あいまい性」の要因としては，音声の高低差が微妙であること，聞き取りが難しいことが指摘され，東京中心部のような，高低差が明瞭で，かつはっきりと聞き取れるアクセントとは特徴を異にするとされてきた。

　しかし，そのような指摘がありながら，研究者間でもあいまいアクセントがどのように認識されているかは明らかでないことが指摘されており（佐藤亮一，2006），そのためアクセントの「あいまい性」がどのような要因によって成り立っているのかについては，現在でも検討課題となっている。

　第1部第1章〜第3章では，そのようなあいまいアクセントの実態を明ら

かにするため，東京東北部を対象とし，"ゆれ"や"非共通語・東京中心部的な音調型"の出現傾向といった指標を用いて，分析を加えてきた。しかし，一連の研究は分析者の聞き取りに基づく分析手法を採ったため，微妙な高低差と指摘されてきたような音声的特徴を十分に明らかにすることができなかった。

　このような音声的特徴の「あいまい性」は，音響的分析によって客観的に分析する方がその実態を捉えられると考えられる[*1]。「あいまい性」が指摘されている地域アクセントにおいて音響的分析が行われたことは少ないものの，佐藤和之・篠木れい子（1991），大橋純一（1996）といった研究では，ピッチ曲線の形状などから，あいまいアクセント地域の音声は高低差が不明瞭であることを指摘している。

　以上の先行研究では音響的指標として高低差のみが扱われているが，本研究ではピーク位置も指標として取り入れる。共通語・東京中心部アクセントにおいて弁別的特徴とされている「下がり目の位置」も「あいまい性」を構成する要素として重要だと考えたためである。高低差・ピーク位置ともに日本諸方言[*2]において違いがみられることは，郡史郎（2004.12：2005：2006.01）でも指摘されている。本研究でも，郡史郎（2004.12：2005：2006.01）の分析手法・研究結果を参考にしながら，首都圏東部域アクセントの特徴を明らかにするための音響的指標を検討することとした。

2.　音響的分析のための音声採取

　本分析で用いるデータは，すべて面接調査によるものである。音声の録音は基本的に話者宅や公共施設の会議室などで行った。調査場所の環境はさまざまであるが，話し声が入るようなテレビ・ラジオや，雑音が入るエアコンなどの機器は極力切るように依頼した上で録音を行った。

　録音には，デジタル録音器（ZOOM H4n）を用いた。マイクは，録音器に備え付けられているものか，卓上スタンドKIKUTANI MH-5に固定したAKG1000Sを主に使用した[*3]。デジタル録音器備え付きのマイクを使用する場合は，卓上で話者の方向にマイクを向けるようにし，位置は話者から50cm-100cm程度の距離に置いた。外付けマイクを使用する場合は，話者の

口元30cm-100cm程度の位置にセットした。

　本分析では，このように採取した全44人分の音声データを対象とする。調査時期は2013年4月－2014年8月で，調査時に60歳を超えている高年層話者のみを調査対象とした。また，首都圏東部域の話者と比較するため，東京中心部の話者も分析対象とした。首都圏東部域話者は37人，東京中心部話者は7人である。ただし，本章は首都圏東部域話者と東京中心部話者との比較を目的としないため，全話者分のデータを使用する。

3．採取音声のデータ化

　2．のように採取した音声は，すべてサンプリング周波数44.1kHz・量子化ビット数16bitで変換した上で，音響分析ソフトPraat（ver5.2.22）[*4]を使用してタグ付けをし，基本周波数（以下F0）・時間長の計測などを行った。

　F0は，ToPitch...コマンドを用いて，自己相関法により10msごとに抽出した。

4．分析用音声データの構築・タグ付け

　以下では，採取した音声を分析するためにデータをどのように構築し，分析用のタグを付けたのかについて解説していく。

4.1．音声データの分節

　採取した音声データは，Praatの音声波形・広帯域スペクトログラムが表示されたSoundEditor上で，発話ごとに分割した。その上で，対象となる単語と，助詞が続く場合は助詞まで分節（Segmentation）した。分節は，ケント・リード（1996），菊池英明ほか（2003），Keith（2008）の記述を参考にしつつ，広帯域スペクトログラムを視認の上行った[*5]。分節した発話例を以下に示す。

　図1・2の左側がピッチ曲線を表示するPitchEditor画面，右側が音声波形・広帯域スペクトログラムを表示するSoundEditor画面である。右側のSoundEditor下部に対象となる発話範囲と，分節された発話が示されている。図2に示されているとおり，本分析では対象となる単語の文節末（図2の例では「胸が」）までを分節対象とした。

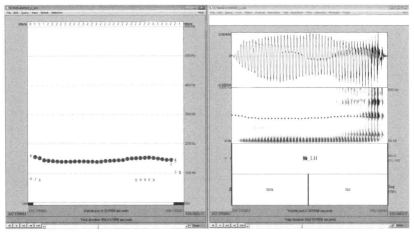

図1：浅草生育・1936年生まれ女性・「胸」単語単独発話例

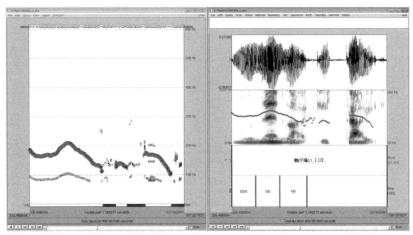

図2：浅草生育・1936年生まれ女性・「胸」助詞付き短文発話例

4.2. ピッチ情報のタグ付け

　次に，分節した発話に対して，ピッチ情報を付与していった。ピッチ情報を付与する際は，抽出したF0を観察しつつ，当該発話内でF0の上昇によるピークが生じた場合「p」，F0の下降によるボトムが生じた場合「b」のタグ

を付与していった。一つの発話の中で上昇や下降が複数回生じた場合は，その度にp1,p2,p3…とアルファベットの後に続く番号を増やしてタグを付していった[*6]。

　上昇・下降のタグを付していく際には，To Pitch…コマンドで取得したF0が示されている，PitchEditorの値を参照した。ただし，以下で述べるように，明らかにエラーとみられる発話がある場合は，分析対象から除外した[*7]。

　また，上記の単純な上昇・下降のタグに加えて，次の2種類のタグも付した[*8]。まず，助詞付き短文発話などの場合，助詞末で発話のボトムがおとずれず，次文節冒頭まで下がり続けるような例があった。そのような場合は，分析対象範囲から外れているものの，対象となる発話のボトムが延長したものとも考えられるため，該当する箇所に「bb」を付与した。

　そして，聴覚印象上アクセントの下がり目があると判断した発話の場合は，ピッチ曲線を目視し，急激な下降が生じていると判断した箇所に「pd」を付した。

4.2.1.　タグ付け音声データ（典型例）

　以下の図3～5では，東京中心部アクセント2拍名詞における典型的な三つのアクセント型，平板型・尾高型・頭高型のタグ付け例を示す。

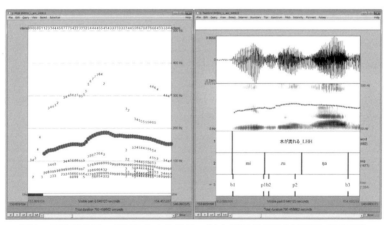

図3：東向島生育・1932年生まれ男性・「水」助詞付き短文発話例（平板型）

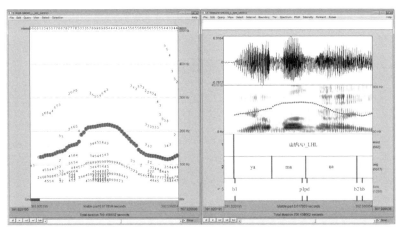

図4：東向島生育・1932年生まれ男性・「山」助詞付き短文発話例（尾高型）

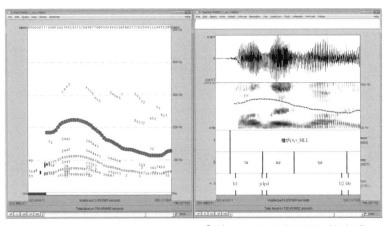

図5：東向島生育・1932年生まれ男性・「種」助詞付き短文発話例（頭高型）

　平板型・尾高型・頭高型と，それぞれのピッチ曲線の形状が明らかに異なっ
ていることがわかる。
　このように付したタグは，PraatScriptを用いて音声ファイルごとに集計
し，表1のようなデータ形式に加工していった。

No	話者	時間	発話	第1拍	第1拍開始時間	第1拍終了時間	第1拍時間長	第2拍…
1	浦安01	389.74	水が流れる	mi	389.74	389.97	0.22	zu
2	浦安01	437.38	水が流れる	mi	437.38	437.51	0.12	zu

No	話者	タグ1	タグ1st	タグ1時間	タグ2	タグ2st	タグ2時間	タグ3	タグ3st	タグ3時間…
1	浦安01	b1	21.98	389.75	p1	32.06	390.19	b2	29.59	390.34
2	浦安01	b1	22.89	437.43	p1	29.48	437.71	b2	27.15	437.84

　このように分節音の時間情報と各タグの時間情報・F0情報を同期させて分析していくこととなる。

4.2.2.　タグ付け音声データ（誤抽出あり・分析採用例）
　上記方針に基づいてピッチ情報にタグを付与していくと，中には，明らかにF0を誤って抽出していると思われる発話例も存在した。このようなエラーを計測すると不正な値を分析対象としてしまうため，ピーク・ボトムのタグ付与の対象外とし，代わりに最近隣のピーク・ボトムにタグを付した。以下では，発話冒頭・発話途中・発話末において生じた誤抽出の典型的なパタンを例示する。

4.2.2.1.　発話冒頭例
　図6において，発話冒頭に以降のF0とは連続的でない値がみられる。

4.2.2.2.　発話途中例
　図7左側のPitchEditorでは値が正しく表示されているものの，図中右側のSoundEditorでは発話途中にエラーが生じ，F0が大きく外れる部分があることがわかる。

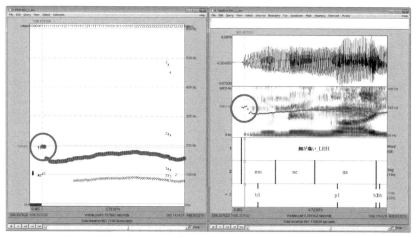

図6：葛西生育・1932年生まれ男性・「胸」助詞付き短文発話例

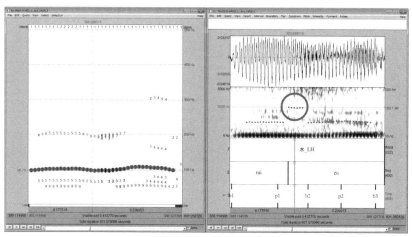

図7：葛西生育・1944年生まれ男性・「水」単語単独発話例

4.2.2.3. 発話末例

　図8において，発話終了付近にそれまでの発話から大きく外れる値が確認
できる。

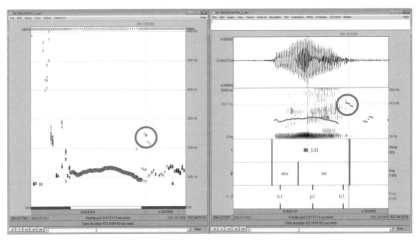

図8：麻布生育・1950年生まれ男性・「胸」単語単独発話例

4.2.2.4. その他の例

　図9では，上述した発話冒頭・発話末どちらにおいてもエラーが生じていることがわかる。

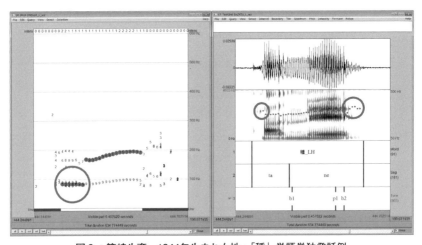

図9：篠崎生育・1944年生まれ女性・「種」単語単独発話例

4.2.3. タグ付け音声データ（誤抽出あり・分析除外例）

上述した誤抽出例とは異なり，値を計測するための情報そのものが取得できない場合があった。図10にその例を示す。

図10では，左側のPitchEditor上で誤抽出が生じ，その結果ピークに該当する位置のF0が取得できていない。図10のような場合は，タグ付けのポイントとなるピーク位置のF0情報・時間情報が取得できなくなるため，分析には含めないこととした。このような例は，全654発話中３例みられた。

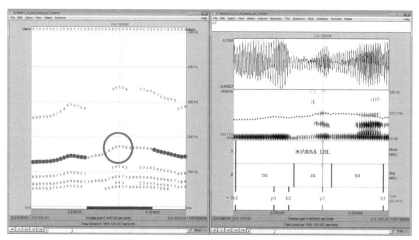

図10：浦安生育・1944年生まれ女性・「水」ガ付き短文発話例

5. 音響的指標の計測

4.の方針によりタグを付した音声データのうち，4.2.3.に挙げた例を除いた651発話に対して，以下の手順により音響的指標を計測した。１.でも述べたとおり，本分析は共通語・東京中心部アクセント[9]において弁別的特徴とされている下がり目の有無と下がり目の位置を指標化することを目的としている。そこで，音響的指標として１）下降幅・２）相対ピーク位置を計測することとした。以下，それぞれの計測方法を概説する。

5.1. 下降幅

　まず，アクセントの下がり目に関連する指標となる，下降幅について述べる。下降幅の計測方法とその模式図は以下のとおり。

A）計測したF0を50Hzベースのsemitone[*10]に変換する。
B）当該の発話におけるピークからピーク後に生じるボトムを引く（タグp　−タグb）。
※ピークからボトムにかけて細かい上下動がある場合は，ピークの最大値　とボトムの最小値を当該発話の下降幅とみなす。

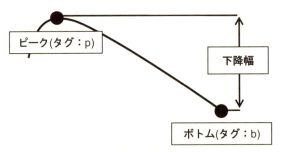

図11：下降幅計測方法模式図

　この指標により，共通語・東京中心部アクセントにおける下がり目のない型とある型，いわゆる平板型と起伏型の区別に関わる指標が得られると考えられる。

5.2. 相対ピーク位置

　次に，アクセントの下がり目の位置に関連する相対ピーク位置について述べる。ピーク位置の計測・分析については，実時間で捉える試みが郡史郎（2004.12；2005；2006.08）においてなされている。郡史郎（2012）では，ある基準点からの下降の開始位置を「相対距離」と呼称している。本分析ではこれらの分析手法を参考にしつつ，実時間だけではない相対的な位置関係による分析を試みることを目指した。それが，本分析で「相対ピーク位置」と呼ぶ

指標である。
　相対ピーク位置の計測方法と模式図は，以下のとおり。

A）第1拍目・第2拍目・第3拍目の持続時間を計測する。
B）出現したピーク位置の実時間と，それぞれの拍の開始時間を起点とした時間を計測する。
C）各発話・各拍における相対的なピーク位置に変換するため，「ピーク位置は第n拍の何%時点に出現したか」を計算する。

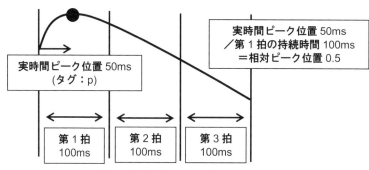

図12：相対ピーク位置計測方法模式図

　以上のように，ピーク位置を「当該発話の何番目の拍のどの時点で生じるか」という情報に変換したものを相対ピーク位置と呼称する。この指標により，共通語・東京中心部アクセントにおける頭高型と尾高型・平板型の区別に関わる特徴を捉えることができると考える。

5.3.　指標計測例

　次に，上述した指標の実際の値を，音声データに即して示していく。図3－5の東京中心部における平板型・尾高型・頭高型の典型例とともに下降幅・相対ピーク位置の値を示すと，以下の図13〜15のようになる。
　平板型と尾高型・頭高型では下降幅が，平板型・尾高型と頭高型では相対ピーク位置の値が顕著に異なっていることがわかる[11]。これは，下がり目

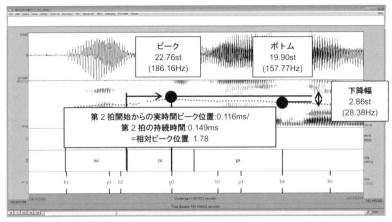

図13：東向島生育・1932年生まれ男性・「水」助詞付き短文発話例（平板型）

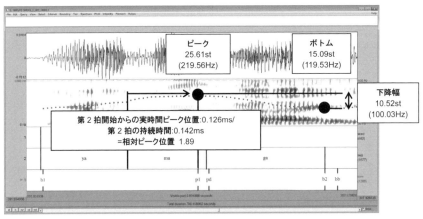

図14：東向島生育・1932年生まれ男性・「山」助詞付き短文発話例（尾高型）

の有無と下がり目の位置に関連する音響的な指標が捉えられることを示唆すると考えられる。

6. 指標の集計

　ここまで述べた方針で採取した下降幅・ピーク位置を概観する。ここでは，2拍名詞Ⅰ〜Ⅴ類1語ずつを取り上げる。具体的な分析対象語は，以下のと

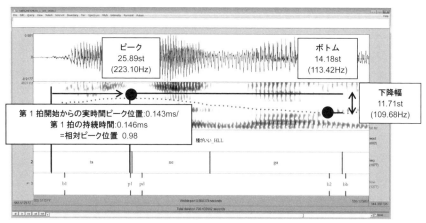

図15：東向島生育・1932年生まれ男性・「種」助詞付き短文発話例（頭高型）

おりである。

Ⅰ類：水　Ⅱ類：胸　Ⅲ類：山　Ⅳ類：種　Ⅴ類：雨

　調査の際は，単語単独形式・短文形式といったさまざまな形式ごとに，3回の繰り返し発話を依頼したが，本章の分析では「ガ」付き短文発話形式で発話されたデータのみを用いる。

　上述した語それぞれの基本統計量を示したのが表2である。表中のnは分析対象とした発話数を表す。

表2：語ごとの下降幅・相対ピーク位置

		水 （n=131）	胸 （n=131）	山 （n=132）	種 （n=127）	雨 （n=130）
下降幅	平均値	1.83	6.15	5.92	7.50	7.19
	最大値	5.73	14.01	14.24	17.44	16.07
	最小値	0.00	0.24	0.00	1.19	0.05
	標準偏差	0.83	2.88	2.83	3.10	2.81
相対 ピーク 位置	平均値	1.99	1.78	1.73	1.25	1.37
	最大値	2.86	2.62	2.44	2.17	2.76
	最小値	0.72	1.07	0.81	0.31	0.42
	標準偏差	0.37	0.29	0.25	0.41	0.38

下降幅の平均値において，「水」とその他の語の値が大きく異なっていることがわかる[*12]。この差は，下がり目のない平板型の語と下がり目のある起伏型の語の違いが下降幅の違いに反映されたものとして捉えられる。

　相対ピーク位置の平均値は，「水」の値が最も大きく，「胸」「山」がその次に大きい値を示している。そして「種」・「雨」が最も小さい[*13]。「胸」「山」と「種」「雨」間の差が最も大きい点は，相対ピーク位置が平板型・尾高型と頭高型の違いを反映しているとみることができる。

　この傾向をさらに確認するため，それぞれの指標の分布を語ごとに示したのが図16・17。図16は下降幅を表すために箱ひげ図を縦に，図17では相対ピーク位置の時間を表すために箱ひげ図を横に配置した。まず，下降幅の値をみたのが図16。

　全体の傾向として，「水」の下降幅が小さく，他の語は類似していることがわかる。一方で，下降幅が大きい「胸」「山」「種」「雨」といった，いわゆる起伏式の語はばらつきも大きく，「水」の平均値を下回るような値がある。ただし，「水」の下降幅が大きくなるような発話はあまりない。

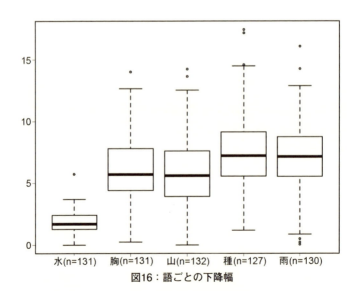

図16：語ごとの下降幅

次に，相対ピーク位置の値をみたのが図17。時間を元にした指標であることを表すため，箱ひげ図を横向きに配置して示している。

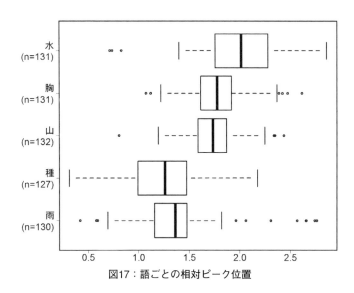

図17：語ごとの相対ピーク位置

　相対ピーク位置の特徴として，「水」「胸」「山」と「種」「雨」の２グループに大きく分かれていることが挙げられる。中央値は「種」「雨」がおおむね1.5以前を示し，「水」「胸」「山」は1.5以後を示している。これを拍に当てはめて考えると，相対ピーク位置が２拍目の前半以前に出現しやすいのが「種」・「雨」，２拍目の後半以降に出現しやすいのが「水」「胸」「山」であるといえる。

　一方で，全体としてはそのような区別傾向をみせつつも，「水」「胸」「山」の中にも1.5以前に相対ピーク位置が現れる例，「種」「雨」の中にも1.5以降に現れる例があることもわかる。

　このように，語ごとの下降幅・相対ピーク位置の出現傾向をみると，どちらの指標も共通語・東京中心部の特徴をよく反映しており，それぞれの語が型ごとに区別されていることがわかった。これは，今回指標とした下降幅・相対ピーク位置により，アクセントの弁別的特徴を捉えられることを意味す

ると考えられる。

　しかし，いわゆる起伏型の「胸」「山」「種」「雨」でも，下降幅の最小値が平板型の平均値を下回っている傾向もみてとれた。同様に，相対ピーク位置も，平板型・尾高型の語の最小値は頭高型の語の平均値よりも小さく，頭高型の語の最大値は尾高型の語の平均値よりも大きいことがわかった。

　以上，音響的指標の出現傾向から首都圏東部域・東京中心部アクセントの特徴を把握してきた。その結果，下降幅・相対ピーク位置ともに大まかには共通語・東京中心部アクセント的な区別がなされているものの，起伏型の語にも関わらず下降幅が小さい発話や，頭高型の語にも関わらず相対ピーク位置が尾高型に近い値を示す発話もあることが確認された。起伏型の語で下降幅が小さい発話がみられる点は，「微妙な高低差」の現れであると解釈できる。また，相対ピーク位置がはっきりと区別されていないことは，東京中心部では明確に区別されている，下がり目の位置が不明瞭になっていることを表していると考えられる。すなわち，今回取り上げた二つの指標は，どちらもアクセントの「あいまい性」の要因となっており，これらを併せて分析することが，アクセントの「あいまい性」を解明する際には必要であるといえる。

7．まとめ

　本章では，従来「あいまい性」として指摘されてきた特徴を，音響的な指標を用いて捉えることを試みてきた。その結果，首都圏東部域アクセントの「あいまい性」は，「下降幅」・「相対ピーク位置」ともに共通語・東京中心部的ではない，型の区別が不明瞭だと解釈できるような値を示すことが要因であると示唆された。以上から，首都圏東部域アクセントの「あいまい性」の要因を「下降幅」「相対ピーク位置」という二つの指標に細分化し，捉えることが可能になったと考えるが，本章の分析ではデータ全体における語ごとの特徴量の概略を示すに留まったため，このような特徴は地域による偏りがあるのかどうかなど，第2章以下で詳しく検討していく。

　なお，本章で行ったようなデータ構築方法は，音声データにピークとボトムのタグ付けを行う単純なものであるため，首都圏東部域や東京中心部以外の方言アクセントデータにも適用できると考えられる。今回分析対象とする

首都圏東部域以外のあいまいアクセント・無アクセント・一型アクセント地域のデータを対象とした分析は今後大きな課題となるため，本手法の適応を試み，統一的な把握を行うことも視野に入れていきたい。

　また，当該地域アクセントの「あいまい性」には，話者の型意識も重要な要素の一つとして関わると考えられる。都染直也（1983）や田中ゆかり（2010）で試みられているような聴取実験による知覚面からの検討を行い，より多角的に当該地域アクセントを解明することを大きな目標としたい。

1　聞き取りが難しい音調を記述するためには，音響分析や複数回発話データに基づく分析が必要になることが，郡史郎（2003）で述べられている。

2　郡史郎（2004.12）では東京・大阪の2地域，郡史郎（2005：2006.01）では秋田・東京・名古屋・大阪・高知・広島・福岡の7地域を対象としている。

3　調査機器の選定にあたっては，郡史郎（2013）を参考にした。

4　アムステルダム大学のPaul Boersma, David Weeninkが開発した音響分析用ソフト。http://www.fon.hum.uva.nl/praat/よりダウンロードして使用した。

5　参考として，聞き取りの結果も単語データ部分に注記した。Lは低い拍，Mは中程度の拍，Hは高い拍を表す。

6　このように，あらかじめタグ付けする特徴（句頭上昇位置・アクセントの下がり目の位置など）を決めない理由は，「声の高さの動きは，どこでどのように上昇し，そしてどこでどのように下降するかを記述すれば十分なはずである。」（郡史郎，2011：340）という指摘があるためである。

　また，これまで研究が進められてきた音響的分析のモデルとなっているのは，主として東京方言話者や共通語話者が中心であり，本研究で対象とするようなあいまいアクセント・特殊アクセント話者に適応できるかどうかが不明瞭であることも理由となる。

7　このような措置をとった理由は，「フォルマントやピッチを抽出する際，設定を変えると結果がかなり大きく変わることがよくある。正しい結果にするためには，設定を調整したり抽出結果を補正する必要がある。デフォルトの設定で出てきた結果をそのまま信じて音声分析をしたつもりになっていても，見る人が見れば実は全然間違っているというようなことがある。」（郡史郎，2013：130）という言及があるためである。そのため，本分析では，補正が必要になるようなデータは分析対象から

除外することでエラーの影響を極力受けなくする方針をとった。

8 ただし，どちらのタグも本章における分析中は用いていない。

9 秋永一枝編（2001：2010）を参考とした。

10 基本周波数を半音値に変換したもの。本分析では50Hzをベースとして計算したため，12st（1半音）は100Hz，24st（2半音）は200Hzとなる。計算式は12ln（x / 50）/ ln2（Praatマニュアルhttp://www.fon.hum.uva.nl/praat/manual/Formulas_4_ Mathematical_functions.html参照）。

11 このように，東京中心部話者でも音響的な値をみると，頭高型は1拍目の冒頭部分，尾高型は2拍目の末尾部分で必ずしもピークが生じるわけではないことがわかる。このような音響的特徴は，川上蓁（1963）や早田輝洋（1970）や秋永一枝（1994）で示されたピッチ曲線でも確認できる。また，郡史郎（2004.04）でも東京中心部話者の頭高型の下がり目は2拍目冒頭で生起しやすいことが指摘されている。そのため，例示した音響的特徴は今回分析対象とした話者に特異に現れるのではなく，東京中心部アクセントの典型として観察されうると考える。

12 それぞれの語における下降幅の平均値の差を一元配置分散分析により確認した。等分散性が確認されなかったため，R言語（ver2.13.0）でoneway.test関数を用いて等分散性の仮定されない分散分析を行った。その結果，$df = 4$，$F = 277.068$，$p < 0.001$となったため，群間のサンプル数が同等でなく，等分散性の仮定されない場合に適している多重比較法である，Games-Howell法（Toothaker, 1993）による検定を行ったところ，水−胸・水−山・水−種・水−雨，胸−種・胸−雨，山−種・山−雨のペアにおいて5％水準で有意差が確認された。

13 相対ピーク位置も下降幅と同様に平均値の違いを一元配置分散分析により確認した。等分散性が確認されなかったため，下降幅と同じ手法で分散分析を行った。その結果，$df = 4$，$F = 85.071$，$p < 0.001$という結果を示したため，Games-Howell法による検定を行ったところ，水−胸・水−山，水−種・胸−種・山−種，水−雨・胸−雨・山−雨のペアにおいて5％水準で有意差が確認された。

第2章

音響的特徴からみた明瞭アクセント・あいまいアクセントの関係性
——下降幅と相対ピーク位置を指標として——

1. はじめに

　本章の目的は，首都圏東部域話者におけるアクセントの「あいまい性」を，東京中心部話者のアクセントと比較して捉えることである。アクセントの「あいまい性」を分析するために，本章では，下降幅と相対ピーク位置という二つの音響的指標を用いる。

　本章で主たる分析対象とする首都圏東部域は，あいまいアクセント地域であることが金田一春彦 (1942) によって指摘されている。このあいまいアクセントは，埼玉東部・千葉西部・東京東北部など，首都圏東部域に広く分布する。

　首都圏東部域におけるあいまいアクセント研究は，「埼玉特殊アクセント」を中心に研究が重ねられている。それらから，当該地域のあいまいアクセントは以下のような特徴を持つことがわかっている。

1. 聞き取りが難しい（秋永一枝・佐藤亮一・金井英雄，1971；柴田武，1983；荻野綱男，1993）
2. 高低差が不明瞭（金田一春彦，1942；1948）
3. 個人間・個人内における型のゆれが目立つ（金田一春彦，1948；都染直也，1983；大橋純一，1996；林直樹，2012.03；2012.04；2012.12）
4. 2拍名詞ⅣⅤ類[*1]に尾高型が多くみられる（金田一春彦，1948；加藤正信，1970；小沼民江・真田信治，1978；都染直也，1982；1983；大橋純一，1995；1996）。

「聞き取りが難しい」と指摘される要因としては，「高低差が不明瞭」であ

ることや，「型のゆれ」が考えられる。そのうち，高低差の不明瞭性については，聞き取りによる分析に加え，音響的な観点から分析を試みた先行研究に大橋純一（1996）がある[*2]。ここでは，Ⅰ類・ⅡⅢ類・ⅣⅤ類の間に「ピッチ差」があることを示すため，男性1名のピッチ曲線（6語）が掲げられており，高低差が不明瞭なⅠⅡⅢ類においては○◎○の「幅の狭い平ら気味なピッチ曲線」が，高低差が明瞭なⅣⅤ類においては○●○の「高低差を明確に示した，いわゆる起伏状のピッチ曲線」が示されている。しかし，ここでの分析は聴覚印象を補完するために各語のピッチ曲線を1例ずつ提示しているに留まる。また，主たる特徴の一つである「型のゆれ」についても，複数回発話に基づく結果が示されているものの，それらについての音響的分析はなされていない。

　上記を踏まえ，本稿では，1〜4で挙げたような首都圏東部域アクセントの音声的特徴を詳細に明らかにするため，音響的指標に基づく分析を試みる。分析データには，調査対象とした話者全員の音響的指標を用いる。この分析により，大橋純一（1996）で指摘された聞き取りでは捉えきれない不明瞭な高低差や，「型のゆれ」の実態を定量的に把握することが可能になると考える[*3]。

2．データ

　本章で用いるデータは，2013年4月−2014年8月にかけて首都圏東部域・東京中心部で行った面接調査によるものである。調査方法は質問紙を用いたリスト読み上げ式とし，1語につき複数回・複数形式の発話を依頼した。詳細な調査概要は本論文序章の調査概要に記した。

2.1．分析対象話者

　本章で分析対象とするのは，全44人の話者である。首都圏東部域の話者と比較するため，東京中心部の話者も分析対象とした。町・地区ごとの話者数を以下に示す。

表1：首都圏東部域・東京中心部調査対象話者

			男性	女性	計
首都圏東部域	埼玉東部	菖蒲町*4	3		3
		桶川市	2	2	4
		草加市	4		4
		戸田市		1	1
	東京東北部	足立区花畑	3		3
		足立区舎人	2		2
		葛飾区水元	1		1
		江戸川区篠崎	3	1	4
		江戸川区葛西	5		5
	千葉西部	浦安市		6	6
		市川市行徳	3	1	4
	計		26	11	37
東京中心部*5		墨田区東向島	1		1
		台東区浅草		1	1
		港区青山		1	1
		港区麻布	1	1	2
		港区芝	1		1
		立川市		1	1
	計		3	4	7
	総計		29	15	44

2.2. 分析対象語

　分析対象語は，2拍名詞Ⅰ～Ⅴ類から1語ずつ，計5語を取り上げた。これらの語は，共通語・東京中心部アクセントにおける平板型・尾高型・頭高型で構成される。以下，型別に具体的な語を示し*6，カッコ内には語類を示す。

　平板型：水（Ⅰ類）／尾高型：胸（Ⅱ類），山（Ⅲ類）／頭高型：種（Ⅳ類），雨（Ⅴ類）

本書における分析では音響的指標を取得するため，上記の語はすべて2拍目以降が有声音で構成されている。また，先行研究との比較を視野に入れ，都染直也（1982；1983）・大橋純一（1995；1996）で調査がなされている語を選出した。なお，本章では，1拍助詞「ガ」付き短文発話形式（「○○が××」）の「○○が」部分を分析対象とする*7。分析対象とする発話総数は，651である*8。

3. 分析手法
本章では，第2部第1章で述べた手法によって指標化した1）下降幅，2）相対ピーク位置の二つを用いて音響的な分析を行う。指標化の際のデータ構築方法・計算方法などは第2部第1章に詳しく記した。

4. 分析
4.1. 地域別指標出現傾向
まず，首都圏東部域話者と東京中心部話者の指標の出現傾向について把握していく。語ごとに出現した下降幅・相対ピーク位置それぞれの値を，東京中心部・首都圏東部域の地域ごとにまとめたのが表2である。表中のnは分析対象とした発話数を表す。平均値の差の検定の結果，5%水準で有意差がみられた組み合わせには平均値の箇所に「*」を付した。

表2：地域別音響的指標出現傾向

		水		胸		山		種		雨	
		中心部	東部域	中心部	東部域	中心部	東部域	中心部	東部域	中心部	東部域
		(n=22)	(n=109)	(n=21)	(n=110)	(n=21)	(n=111)	(n=21)	(n=106)	(n=22)	(n=108)
下降幅 (st)	平均値	1.96	1.80	8.48	* 5.71	8.20	* 5.49	10.24	* 6.96	9.23	* 6.77
	最大値	3.71	5.73	12.08	14.01	11.71	14.24	14.57	17.44	12.06	16.07
	最小値	0.00	0.36	5.00	0.24	4.16	0.00	6.19	1.19	4.94	0.05
	標準偏差	0.85	0.81	2.12	2.77	1.97	2.76	2.69	2.87	2.03	2.75
相対 ピーク 位置	平均値	1.91	2.01	1.73	1.78	1.68	1.74	0.86	* 1.33	1.19	* 1.41
	最大値	2.68	2.86	2.01	2.62	1.89	2.44	1.35	2.17	1.59	2.76
	最小値	1.53	0.72	1.28	1.07	1.46	0.81	0.31	0.63	0.70	0.42
	標準偏差	0.29	0.38	0.17	0.31	0.12	0.26	0.32	0.38	0.25	0.38

下降幅を確認すると，東京中心部話者は平板型相当語「水」の平均値が小さく，それ以外の語は相対的に大きい値を示している。音響的指標におけるこの差異は，東京中心部話者が平板型相当語と起伏型相当語を区別していることの反映とみることができる。一方の首都圏東部域話者は，全体平均値は東京中心部話者に比べると小さいものの，「水」の平均値が小さく，それ以外の語は大きい点において，東京中心部話者と類似する傾向を示している。そのため，首都圏東部域話者においても，下降幅により平板型と起伏型が区別されている可能性がある。ただし，東京中心部話者と比較すると，平板型相当語「水」の下降幅はほとんど変わらないのに対して，それ以外の語は東京中心部話者よりもおおむね小さいことが観察される。この傾向を確認するため，まず，Welchの検定により語ごとに両地域話者の下降幅の平均値の差の比較を行った[*9]。その後，検定の多重性を考慮し，Bonferroniの補正を行った。本章における分析では5語分，つまり5回検定を繰り返していることになるため，算出されたp値に5を乗じた値を示している[*10]。分析の結果，水：$df = 28.983$, $t = -0.794$, $p = 1.000$, 胸：$df = 33.968$, $t = -5.110$, $p < 0.001$, 山：$df = 35.812$, $t = -5.260$, $p < 0.001$, 種：$df = 29.348$, $t = -4.950$, $p < 0.001$, 雨：$df = 37.843$, $t = -4.747$, $p < 0.001$となり，首都圏東部域話者の下降幅は，「水」以外のすべての語において，東京中心部話者に比べ統計的に有意に小さいことがわかった[*11]。

　次に，相対ピーク位置を確認する。東京中心部話者は頭高型相当語「種」「雨」の平均値が小さく（ピークが早くおとずれる），それ以外の語は平均値が大きい（ピークが遅くおとずれる）。この，相対ピーク位置における差異は，東京中心部話者が下がり目の位置で頭高型とそれ以外の語を区別していることの反映と考えられる[*12]。

　首都圏東部域話者も頭高型相当語の相対ピーク位置が相対的に小さく，その他の語の値は大きいという，東京中心部話者と同様の傾向を示す。ただし，頭高型相当語「種」「雨」は東京中心部話者に比べると平均値が大きく，それ以外の語との差があまり明瞭ではない。とくに「胸」「山」という尾高型相当語と近接している。この傾向を確認するため，相対ピーク位置についても，下降幅と同じ手続きで平均値の差の検定と補正を行った。分析の結果，水：

$df = 36.592$, $t = 1.354$, $p = 0.921$, 胸：$df = 48.820$, $t = 1.115$, $p = 1.000$, 山：
$df = 59.322$, $t = 1.604$, $p = 0.570$, 種：$df = 31.765$, $t = 5.914$, $p<0.001$, 雨：
$df = 43.930$, $t = 3.356$, $p = 0.008$となり，頭高型相当語の「種」・「雨」において，
首都圏東部域話者の相対ピーク位置は，東京中心部話者に比べ統計的に有意
に大きいことが確かめられた。

　相対ピーク位置の標準偏差においては，東京中心部話者・首都圏東部域話
者間に大きな違いがみられない。先行研究では，あいまいアクセントの特徴
として「型のゆれ」が指摘されてきたが，少なくとも，ここでの地域別分析
では明示的な違いが確認されず，首都圏東部域話者のゆれが大きいとはいえ
ない結果となった。

　以上，下降幅・相対ピーク位置という二つの指標を用いることにより，東
京中心部話者は下降幅により平板型相当語とその他の語を区別していること，
相対ピーク位置により頭高型相当語とその他の語を区別していることがわ
かった。この結果は，音響的指標を通じて，平板型・尾高型・頭高型という
三つの型を区別する実態が捉えられたものと考えられる。

　一方，首都圏東部域話者も大まかな傾向性は類似しているものの，尾高型・
頭高型相当語において下降幅の平均値が小さく，頭高型相当語において相対
ピーク位置が大きい，すなわちピークが遅くおとずれる傾向がみられた。こ
の傾向は，当該地域話者におけるアクセントの「あいまい性」の一つの要因
を捉えたものと解釈できる。

4.2.　話者別指標出現傾向

　次に，上記でみたそれぞれの指標の出現傾向を話者ごとに確認し，より詳
細な検討を加えていく。

4.2.1.　下降幅

　話者ごとの下降幅をみたのが図1。話者は，「地域・ID」という形で表す（以
下同様）。分析対象とした5語それぞれの平均値は記号で，最大値・最小値の
幅は記号から延びる点線の棒で示している。また，話者はすべての語の下降
幅を平均した値の降順に並んでおり，右の話者ほど下降幅の値が大きく，左

の話者ほど値が小さい。なお，比較のため，東京中心部話者については地域・
IDを四角で囲んだ。

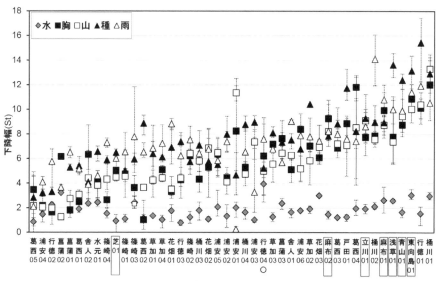

図1：話者別下降幅特徴量

　全体の傾向としては，右方に位置している下降幅平均値の大きい話者群ほ
ど，平板型相当語「水」の値が小さく，それ以外の語の値が大きいため，平
板型相当語と起伏型相当語において下降幅の差が明瞭であることを指摘でき
る。右端から左方の下降幅平均値が小さい話者に進むにつれ，「水」以外の
語の下降幅が小さくなっており，左端の話者になると，ほとんどの語におい
て差がみられなくなる。

　右方の「水」とそれ以外の語の差が明瞭な話者群には東京中心部話者のほ
とんどが所属しているが，首都圏東部域話者も少なくない。また，中央付近
の行徳04（図中○）から「水」とそれ以外の語の値が近接する傾向が認めら
れるが，行徳04よりも左側に位置する話者群は，芝01を除くとすべて首都圏
東部域話者である。芝01は，東京中心部話者の中で唯一左方に位置している。
ただし，全体平均値は小さいながらも「水」とそれ以外の語の値の間に隔た

りがある点において，その他の左方に位置する首都圏東部域話者と異なる特徴を示しているといえる。

　また，左方に位置する下降幅の平均値が小さい話者は「水」以外の語が「水」の値に近づいていくおおまかな傾向があるが，行徳04・篠崎03・菖蒲02のように，「水」の下降幅が他の話者に比べて大きく，起伏型相当語に近接している話者も存在する。

4.2.2.　相対ピーク位置

　次に，相対ピーク位置の出現傾向を確認していく。話者ごとの相対ピーク位置をみたのが図2である。話者は，頭高型相当語「種」「雨」と尾高型相当語「胸」「山」の相対ピーク位置平均値の差分が大きい順に並んでいる。相対ピーク位置平均値の差分は，「種」−「胸」といった組み合わせごとにとり，絶対値に変換した上で，話者ごとに合計した。東京中心部話者の地域・IDはここでも四角で囲んだ。また，時間を元にした指標であることを表すため，各記号と棒を横向きに配置して示している。

　図2全体の傾向を確認すると，上方の話者ほど頭高型相当語「種」「雨」の値が小さく，それ以外の「水」「胸」「山」といった語の値が大きい。両者の差異も大きいため，ピーク位置による頭高型相当語とそれ以外の語との区別が明瞭な話者であると考えられる。また，中央付近の話者になるにしたがい頭高型相当語の相対ピーク位置の値が大きくなり，それ以外の語との差が縮まっていく図中下方ではほとんどの語が同じような値を示す。

　上方の話者の細かい特徴をみると，頭高型相当語「種」「雨」の値が小さく，おおむね0.5-1.0付近に位置している。一方，平板型相当語「水」と尾高型相当語「胸」「山」は値が大きく，1.5以降に位置している。各記号から延びる点線によって示される相対ピーク位置のゆれも，頭高型相当語「種」「雨」とそれ以外の「水」「胸」「山」で重なることはほとんどない。図中最上方には麻布02・浅草01・芝01など，東京中心部話者が属する。また，東京中心部話者は麻布01を除き，上位50%の群にすべて分布している。一方，首都圏東部域話者は下位50%の群に多く所属するが，上位50%の群に所属するケースも認められる。

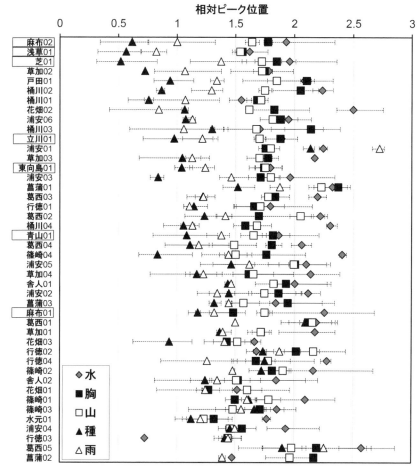

図２：話者別相対ピーク位置特徴量

　図２の下方に進むにつれ，頭高型相当語の「種」「雨」の相対ピーク位置が大きくなる（ピークがおとずれるのが遅くなる）こともわかる。図中中央付近の葛西04・篠崎04といった話者には，上方の話者には出現しなかった1.5付近に相対ピーク位置平均値が出現するようになり，「種」「雨」といった頭高型相当語と「胸」「山」といった尾高型相当語の値が近接，もしくは重複するようになる。そして，下方の篠崎03といった話者になると，すべての語の

相対ピーク位置が同じような値を示す。

　相対ピーク位置における個人内のゆれの幅は，話者により大きな違いが認められる。相対ピーク位置のゆれが小さい話者としては，語ごとの違いが比較的明瞭である上方の浦安06，すべての語の相対ピーク位置が同じような値を示す下方の行徳03といった話者が該当する。反対に，相対ピーク位置のゆれが大きい話者として，語ごとの相対ピーク位置の違いは大きいものの，ゆれも大きい上方の桶川03や草加04，すべての語の相対ピーク位置が同じような値を示し，かつすべての語におけるゆれが大きい下方の葛西05が指摘できる。

4.3.　下降幅・相対ピーク位置を合わせた話者別特徴

　次に，下降幅・相対ピーク位置を合わせて話者の特徴を概観していく。全話者の特徴を示すことは難しいため，ここでは首都圏東部域話者のうち，下降幅が最も大きい桶川01，下降幅が最も小さく相対ピーク位置がおとずれるのが最も遅い葛西05，相対ピーク位置がおとずれるのが最も早い水元01を取り上げる。比較対象とするのは，東京中心部話者のうち下降幅が最も大きく，ピーク位置の区別も明瞭な東向島01である。それぞれの話者の下降幅・相対ピーク位置を散布図の形で示したのが図3。

　東向島01・桶川01をみると，「水」・「胸」「山」・「種」「雨」という平板型・尾高型・頭高型いずれの分布領域も離れており，明瞭に区別されていることがわかる。ただし，実線で示した「種」「雨」の分布領域は桶川01の方が若干大きい。ゆれの程度は桶川01の方が若干大きいことを示していると考えられる。

　一方，水元01・葛西05は語ごとの分布領域が桶川01・東向島01ほど離れていない。水元01においては，全体の相対ピーク位置が早めで，とくに桶川01・東向島01では相対ピーク位置が遅く出現していた「胸」「山」が「種」「雨」とほぼ変わらない値を示している。ゆれが大きくないのも特徴である。下降幅においては，「水」とのその他の語で若干区別されているような傾向がみられるものの，「胸」「山」には「水」のようにほとんど下降がない場合も観察される。

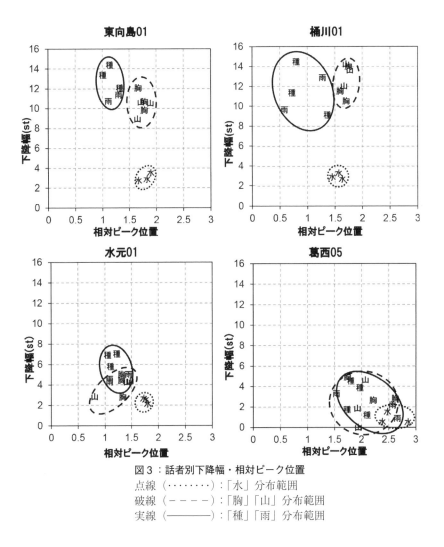

図3：話者別下降幅・相対ピーク位置
点線（・・・・・・・・）:「水」分布範囲
破線（－－－－）:「胸」「山」分布範囲
実線（―――）:「種」「雨」分布範囲

　葛西05は，下降幅は 6 st，相対ピーク位置はすべて1.5以降にあり，かつ全体の分布領域がバラついていることが特徴である。「水」と分布が近接している語も多い。このような話者は，下降幅・ピーク位置ともに無規則に生じがちな話者であると考えられる。

　以上のことから，桶川01・東向島01は下降幅・相対ピーク位置による語の

区別が明瞭な話者，水元01は相対ピーク位置による語の区別が離れていない連続的な話者，葛西05はどちらの区別も明瞭ではなく，下降幅・相対ピーク位置も離散的ではあるがバラバラに出現しがちな話者であると位置づけられる。

5. 考察

　次に，4.における分析を踏まえてアクセントの「あいまい性」について考察する。

　まず，表2の地域別分析，図1・2の話者別分析において，下降幅により平板型相当語と起伏型相当語を区別し，相対ピーク位置により頭高型相当語とそれ以外の語を明瞭に区別する話者が確認された。一方，下降幅は小さく，相対ピーク位置は頭高型相当語とそれ以外の語の値が近接するような話者や，個人内においてゆれの幅の大きい話者が認められ，これらの話者は，首都圏東部域に多くみられた。このことから，当該地域に分布するアクセントの「あいまい性」は，下降幅の小ささだけではなく，相対ピーク位置が型ごとにはっきりと区別されずに近接すること，安定的でないことが重要な要因であると指摘することができる。そのため，当該地域アクセントの「あいまい性」を解明するためには，本稿で試みたように，高低差・ピーク位置とも音響的指標に基づいて分析する必要があるといえる。

　以上で指摘したアクセントの「あいまい性」のうち，「高低差が不明瞭」であるという点は，先行研究において度々言及されてきた。一方のピーク位置は，音響的指標を用いた研究によって明示的に言及されることはなかった。これは，地域間の差が下降幅ほど明確ではないことに加え，個人間の差や個人内のゆれが激しいため，あいまいアクセントに共通する特徴として抽出しにくかったことによると推測される。

　しかし，これまで当該地域アクセントにおいて共通して指摘されてきた「ⅣⅤ類尾高型」のような特徴も，ピーク位置という観点からみると，頭高型相当語とそれ以外の語のピーク位置が近接し，両者の区別があいまいになった結果出現したものと解釈することもできる。このように，音響的指標を用いた分析を行うことで，これまで聞き取りによる分析で指摘されてきたあいま

いアクセントの特徴を捉え直すことにも繋がると考えられる。

　また，図3で示したように，下降幅・相対ピーク位置を併せて分析すると，アクセントがあいまいな話者にも，異なるタイプが存在することが見て取れた。本章における分析では事例的な分析に留まったが，二つの音響的指標によりあいまいアクセントの詳細なタイプ分類が可能となることを示唆するといえる。

6. まとめと今後の課題

　以上，本稿では首都圏東部域話者・東京中心部話者を対象にし，下降幅・相対ピーク位置という二つの音響的指標を用いることで，アクセントの「あいまい性」が捉えられることを報告した。

　以下の第3章・第4章では，本稿データを用いた多変量解析などによるタイプ分類や，より細かい地理的分布傾向，ならびに個人差の把握を試みていく。

　さらに，分析対象とする語を増やすこと，2拍語以外の語でもこのような傾向がみられるかどうかを把握することで，本考察が妥当かどうかを確認も行うべきだと考えている。

1　ここでの類は，金田一春彦（1974）における金田一語類のうち，2拍名詞I類〜V類のことを指している。以下，ローマ数字で示す類は，金田一語類のことを指す。
2　本分析で対象とする地域とは異なるものの，無アクセント地域における山形市アクセントのピッチパタンを示したものに加藤正信ほか（1984）が，無アクセント地域として指摘されている栃木県氏家町方言のピッチパタンを示したものに佐藤和之・篠木れい子（1991）が，静岡県南伊豆方言のピッチパタンを示したものに亀田裕見（1998.01；1998.10），四国北東部方言のピッチパタンを示したものに亀田裕見（2006）が，一型アクセント地域である宮崎県都城市のピッチパタンを示したものに松永修一（1994）がある。
3　郡史郎（2006.08；2009）では，音響的指標によって不明瞭なアクセントの実態を詳細に明らかにできることが確かめられている。

4　菖蒲町は2010年に埼玉県久喜市と合併したが，金田一春彦（1942）などで久喜市とは別の地域として扱われているため，本研究でも菖蒲町という独立した地域として分析を進めていく。

5　本稿における地域区分では，金田一春彦（1942）で型区別・音声実態ともに明瞭な「京浜アクセント地域」としてまとめられている地域を「東京中心部」とする。そのため，立川市も東京中心部と同様の地域区分とみなして分析する。

6　NHK放送文化研究所編（1998），秋永一枝編（2010）を参考にした。なお，これらの語は，秋永一枝編（2010）でも複数のアクセント型が掲げられていないため，仮に出現する音調に複数のバリエーションがみられた場合でも，新型と旧型の間でゆれているようなことは考えにくい。

7　それぞれの語の具体的な調査文は，以下のとおり。

　　Ⅰ類「水」：水が流れる
　　Ⅱ類「胸」：胸が痛い
　　Ⅲ類「山」：山がいい
　　Ⅳ類「種」：種がいい
　　Ⅴ類「雨」：雨が降る

　　ただし，浦安01の話者のみ「胸」：胸を叩く，「山」：山が見える，「種」：種を作る，と調査文が一部異なっている。助詞1拍の短文形式という点は共通するため，本分析では分析対象に含めた。

8　今回の調査形式から，分析対象語は本来，分析対象話者44人×分析対象語5語×複数回発話3回＝660となるものの，音響的な値が取得できない発話があり，このような総数となっている。ただし，3回以上発話した話者も存在おり，各話者・各語によって0回-5回までの幅がある。

　　また，本分析では男女のサンプルが混在しているが，郡史郎（2004.12）においても，男女のサンプルが混在したデータで「F0上昇量」「F0下降量」を計測している。さらに，「男性と女性が不均一な割合で混ざっているが，このことが大きな問題になるのは，声の絶対的な高さ」（郡史郎，2004.12：42）という指摘があるため，semitoneを用いて下降幅を計算すれば，男女のサンプル数の違いが分析結果に影響を及ぼすことはないと考えた。

9　分析にはR言語（ver2.13.0）を使用した。（http://cran.md.tsukuba.ac.jp/）

10　Everitt（2010）の記述を参考にした。ただし，参考文献ではm個の検定を行う場合，有意水準αをα/mとして補正する方法が紹介されているが，ここではp値×mとすることで同様の補正を行った。本手法を行うと保守的な検定になることも述べられているが，「mが小さい（高々5まで）ときにはある程度の補正が可能である。」(p.429)

とされているため，本分析で適用しても問題ないと判断した。

11　これは，東京中心部話者・首都圏東部域話者間において，下がり目がない音調，いわゆる平板型の音声パタンはほぼ共通していることの現れとも解釈できる。

12　東京中心部話者における「種」「雨」頭高型でも，相対ピーク位置の値が1以上となること，つまり2拍目開始時点よりも後になることがある。杉藤美代子（1982）では頭高型アクセントの音声的特徴として重要なのは，2拍目の母音から急激な下降が生じることであると指摘している。この指摘を本分析の指標に適応すると，相対ピーク位置が1〜1.5（2拍目前半）程度におとずれ，そこから下降が生じれば，共通語・東京中心部的な頭高型アクセントの特徴を満たしているため，東京中心部話者の「種」「雨」で相対ピーク位置の値が1以上を示しても不自然ではないと考える。川上蓁（1984）にも，頭高型の語は「発端は低く，あと高まる」（p.159）という聴覚印象に基づく指摘がある。

第3章

音響的特徴によるアクセントの
型区別・ゆれの把握
——語間距離・語内距離を用いた検討——

1. はじめに

　第2部第2章では，下降幅と相対ピーク位置という二つの音響的指標を用いることにより，あいまいアクセントと明瞭アクセントにおける指標の出現傾向と両アクセントの特徴，ならびにあいまいアクセントの要因を考察した。しかし，それぞれの話者における型区別・ゆれといった特徴は大小関係を視認により把握するに留まった。そこで，本章では型区別の「あいまい性」・「明瞭性」や，ゆれの程度を指標化し，一元的に話者の特徴を捉えるための分析を行い，第2部第2章とは別の観点から当該地域アクセントの「あいまい性」・「明瞭性」について考察していくことを目標とする。

　本章では，音響的指標を用いて，アクセントの特徴を把握する際に重要とされる型区別とゆれを客観的に分析することを目指す。この分析を通して，話者の位置づけを行うことを目標とする。

　埼玉東部・千葉西部・東京東北部といった首都圏東部域は，あいまいアクセント分布域であることが金田一春彦（1942）以来指摘されてきた。とくに埼玉東部は「埼玉特殊アクセント」と呼ばれ，これまで多数の研究が積み重ねられてきた（都染直也，1982；1983；大橋勝男，1984；大橋純一，1995；1996）。

　あいまいアクセントや埼玉特殊アクセントの特徴として，型区別が明瞭ではないことや，個人間・個人内におけるゆれの大きいことなどが指摘されている（金田一春彦，1948）。都染直也（1982；1983）でも，2拍名詞ⅣⅤ類のゆれの出現傾向が「埼玉特殊アクセント」と東京中心部の「明瞭アクセント」の地理的境界を明らかにするための指標となっている。ここから，あいまいアクセントにおける型区別の「あいまい性」を明らかにするには，型区別の明

瞭性とゆれの程度，どちらも分析する必要があることがわかる。

　このような特徴を有する首都圏東部域アクセントにおける型区別の明瞭性やゆれの程度を把握するために，本分析では音響的指標を用いたアプローチを試みる。郡史郎（2006；2009）で「不定形アクセント」の特徴を捉えるために音響的指標が用いられており，その有効性が示されたため，この分析を行うこととした。音響的指標を用いて首都圏東部域におけるアクセントの特徴を明らかにしようとした研究[*1]としては大橋純一（1996）があるが，2拍名詞Ⅰ～Ⅴ類各1語ずつ，話者1名分のデータを例示するに留まっている。

　本章に先立つ第2部第2章では，下降幅・相対ピーク位置という二つの指標を用いて首都圏東部域話者の音響的特徴を把握した。同時に，東京中心部話者との比較も行い，首都圏東部域話者は東京中心部話者に比べて下降幅が小さく，相対ピーク位置が近接しているという傾向を明らかにした。しかし，以下のような問題も積み残した。

　　1）2拍名詞Ⅰ～Ⅴ類の語を対象に，語ごとの下降幅・相対ピーク位置の
　　　　出現傾向は分析したものの，型区別の明瞭性を総合的に把握すること
　　　　ができなかった。
　　2）個人ごとのゆれの出現傾向を分析したものの，目視による確認に留ま
　　　　り，計量的な分析に至らなかった。
　　3）型区別とゆれの両特徴によって話者の位置づけを行えなかった。
　　4）アクセントの「あいまい性」がみられる話者において，型区別・ゆれ
　　　　がどのような関係性にあるのか明らかにできなかった。

　これらの問題を解決するため，本章では上述の下降幅・相対ピーク位置を基にして，型区別の指標となる「語間距離」と，ゆれの指標となる「語内距離」を算出し，客観的指標として把握することとした。また，この指標によって話者の相対的な位置づけを行い，型区別の大きさとゆれの大きさ，二つの特徴から首都圏東部域話者と東京中心部話者の違いを明らかにしていく。

2. データ

　本章でも，第2部第1章・第2章のデータと同じものを用いる。対象となる話者は，首都圏東部域37人，東京中心部7人，計44人である[*2]。詳細な調査概要は本論文序章，ならびに第2部第1章・2章に記した。

3. 分析手法

　本章における分析でも，第2部第1章で詳述した下降幅と相対ピーク位置を指標として用いる。ただし，本章の分析では型区別の明瞭性とゆれを指標化するため，語間距離・語内距離を測定することとした。以下の節では，この指標の測定方法を述べていく。

3.1. 語間距離・語内距離

　第2部第2章では語ごとの音響的特徴量から話者ごとの型区別傾向をみたものの，異なる語同士でどの程度下降幅・相対ピーク位置が離れているのか，という型区別にかかわる情報や，同一語でどの程度下降幅・相対ピーク位置が離れているのか，というゆれにかかわる情報を数値化して分析することができなかった。そこで，本章では上記で説明した下降幅・相対ピーク位置を基にして，型区別の指標となる「語間距離」と，ゆれの指標となる「語内距離」を算出し，分析を行っていく。

　まず，語間距離の測定方法について述べる。語間距離は，例えば「水」という語が他の語とどの程度下降幅・相対ピーク位置に違いがあるのかを捉えるための指標である。模式図を示したのが図1である。

　このような距離の計算を，水（1回目発話）－胸（1回目発話），水（2回目発話）－胸（1回目発話），水（2回目発話）－胸（2回目発話）…と続けていけば，全語におけるすべての発話同士の距離が得られ，下降幅と相対ピーク位置それぞれにおいて，どの程度距離が離れているのかを数値化できる。この数値が大きいほど，語間の距離が離れていることとなり，例えば図1の場合，「水」とその他の語において下降幅の語間距離が大きくなると考えられる。そしてこれは，平板型相当語と起伏型相当語が下がり目の有無において区別されていることの反映とみなすことができる。

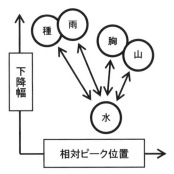

図1：語間距離模式図（水とその他の語の距離）

　語内距離は，語間距離の算出方法を同一語に適用したものである。この指標を模式的に示したものが以下の図2である。

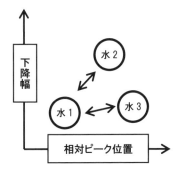

図2：語内距離模式図（水1回目の発話と2・3回目の発話の距離）

　このような距離も，水（1回目発話）−水（2回目発話），水（2回目発話）−水（3回目発話），水（1回目発話）−水（3回目発話）…と続けていけば，すべての同一語どうしの距離が得られることとなる。例えば，「水」という発話において下降幅の語内距離が大きければ，同じ語を発話したにもかかわらず平板型と起伏型という異なる型が出現したと解釈することができ，それが話者のゆれの程度を表すことになると考えられる。

3.2. 集計

3.1.の方針で取得した語間距離・語内距離は，下降幅・相対ピーク位置とともに値の正負の影響を除くため，すべて絶対値により距離を算出した。

このようにして得られた組み合わせ総数は，語間距離：3842，語内距離：657である[*3]。以下，本章ではこのデータを用いて分析を行っていく。

4. 分析

分析に際しては，東京中心部話者・首都圏東部域話者という，地域ごとの大まかな語間距離・語内距離の出現傾向を分析していく。

4.1. 語間距離

まず，型区別の指標となる語間距離の出現傾向から確認する。分析では，共通語・東京中心部アクセントにおける平板型相当語（「水」）・尾高型相当語（「胸」・「山」）・頭高型相当語（「種」・「雨」）ごとの比較，すなわち型間の比較を行う。

4.1.1. 平板型相当語と尾高型相当語・頭高型相当語の語間距離

まず，東京中心部において下がり目の有無により区別されている平板型相当語の「水」と尾高型相当語の「胸」・「山」，頭高型相当語の「種」・「雨」の組み合わせにおいて，語間距離がどのような傾向を示すのかについて確認していく。組み合わせごとに，地域別の語間距離をみたのが表1である。平均値の差の検定の結果，5％水準で有意差がみられた組み合わせには平均値の箇所に「＊」を付した。表中のnは分析対象とした発話数を表す。

表1を地域別に比較すると，下降幅の語間距離では，すべての組み合わせにおいて東京中心部の方が大きいことがわかる[*4]。一方，標準偏差はいずれの組み合わせでも首都圏東部域の方が大きい。

相対ピーク位置の語間距離はあまり違いがないようにみられるものの，「水－胸」「水－山」は首都圏東部域の方が大きく，「水－種」は東京中心部の方が大きい結果が得られた。また，どちらの地域においても「水－胸」「水－山」より「水－種」「水－雨」の方が大きい点は共通している。

表 1 : 地域別語間距離（平板型相当語－尾高型相当語・頭高型相当語）

		水－胸		水－山		水－種		水－雨	
		中心部 (n=66)	東部域 (n=321)	中心部 (n=66)	東部域 (n=317)	中心部 (n=66)	東部域 (n=313)	中心部 (n=70)	東部域 (n=312)
下降幅	平均値	6.43 ＊	4.01	6.03 ＊	3.80	8.04 ＊	5.12	7.04 ＊	5.02
	最大値	9.77	11.31	10.46	11.54	12.14	16.82	10.40	14.16
	最小値	2.84	0.00	2.69	0.01	4.25	0.01	0.69	0.20
	標準偏差	1.90	2.65	1.82	2.63	2.38	2.97	1.84	2.59
相対ピーク位置	平均値	0.25 ＊	0.39	0.26 ＊	0.41	1.08 ＊	0.73	0.72	0.68
	最大値	1.40	1.31	0.98	2.42	2.04	1.77	1.59	2.33
	最小値	0.00	0.00	0.00	0.00	0.32	0.00	0.15	0.00
	標準偏差	0.30	0.27	0.26	0.30	0.38	0.44	0.33	0.38

　以上，「明瞭アクセント」において下がり目の有無によって区別されている平板型相当語と尾高型・頭高型相当語では，東京中心部話者よりも首都圏東部域話者の方が下降幅による区別が小さく，下がり目の実現が不明瞭である傾向が捉えられた。

4.1.2. 尾高型相当語と頭高型相当語の語間距離

　次に，東京中心部において下がり目の位置により区別されている尾高型相当語の「胸」「山」と頭高型相当語の「種」「雨」がどの程度語間距離によって区別されているのかを確認していく。地域別に各組み合わせの語間距離を示す（表2）。

　下降幅の語間距離は，東京中心部話者よりも首都圏東部域話者の値が大きい傾向にあるものの，どちらの地域の話者の組み合わせにおいても，表1の組み合わせほど大きな違いはないことがわかる[5]。

　一方の相対ピーク位置の語間距離は，いずれの語でも東京中心部話者の値が大きく，「山－雨」を除く組み合わせにおいて，統計的にも有意な差がみられた。

　以上，共通語・東京中心部アクセントでは下がり目の位置によって区別されている尾高型相当語と頭高型相当語において，首都圏東部域話者は相対

表2：地域別語間距離（尾高型相当語－頭高型相当語）

		胸－種 中心部 (n=63)	胸－種 東部域 (n=323)	胸－雨 中心部 (n=66)	胸－雨 東部域 (n=323)	山－種 中心部 (n=63)	山－種 東部域 (n=318)	山－雨 中心部 (n=66)	山－雨 東部域 (n=322)
下降幅	平均値	2.57	2.57	1.62 *	2.71	2.40	2.52	1.76 *	2.69
	最大値	8.99	9.30	5.48	11.89	8.90	9.46	5.39	12.48
	最小値	0.04	0.01	0.01	0.02	0.01	0.00	0.01	0.00
	標準偏差	2.00	1.87	1.29	2.18	2.14	1.87	1.18	2.33
相対ピーク位置	平均値	0.88 *	0.52	0.56 *	0.48	0.83 *	0.47	0.50	0.44
	最大値	1.70	1.42	1.06	1.79	1.58	1.34	0.95	1.32
	最小値	0.08	0.00	0.07	0.00	0.11	0.01	0.01	0.00
	標準偏差	0.38	0.36	0.25	0.33	0.31	0.31	0.23	0.28

ピーク位置の語間距離が東京中心部話者よりも小さい結果が示された。このことから，尾高型相当語と頭高型相当語の組み合わせでは，下がり目の位置の区別があいまい，すなわち型区別があいまいな傾向にあるということがわかった。

　また，これらの語において首都圏東部域話者よりも東京中心部話者の方が下降幅の語間距離が小さい傾向も見て取れた。

4.1.3. 同一型相当語の語間距離

　次に，共通語・東京中心部アクセントで同一型とされる，「胸」「山」という尾高型の語，ならびに「種」「雨」という頭高型の語の語間距離を確認する。共通語・東京中心部アクセント的特徴を示すのであれば，この指標は下降幅・相対ピーク位置ともに小さい値を示すと予想される。下降幅・相対ピーク位置を地域別に示したのが表3である。

　まず，下降幅の語間距離はどちらの組み合わせも東京中心部の方が小さいことがわかる[6]。しかし，表1の平板型相当語と起伏型相当語の語間距離と比べても明らかに値が小さいため，下降幅・相対ピーク位置いずれにおいても区別はなされていないといえる。

　相対ピーク位置の語間距離は，「胸－山」において東京中心部話者の方が

表3：地域別語間距離（同一型相当語）

| | | 胸－山 | | 種－雨 | |
		中心部 (n=63)	東部域 (n=328)	中心部 (n=66)	東部域 (n=310)
下降幅	平均値	1.41	1.51	1.88	2.23
	最大値	5.09	8.25	6.53	8.77
	最小値	0.08	0.01	0.02	0.00
	標準偏差	1.13	1.36	1.42	1.81
相対 ピーク 位置	平均値	0.16 *	0.23	0.36 *	0.27
	最大値	0.55	1.04	1.28	1.31
	最小値	0.00	0.00	0.00	0.00
	標準偏差	0.13	0.20	0.30	0.26

小さく，「種－雨」において首都圏東部域話者の方が小さい結果が示された。ただし，表2・表3で分析した組み合わせと比較すると，どちらの地域における話者の値も相対的に小さいことがわかる。

　以上から，共通語・東京中心部アクセントでアクセント型によって区別されていない語においては，東京中心部話者・首都圏東部域話者どちらも下降幅・相対ピーク位置ともに語間距離が小さいことがわかった。これは，同じ型の間では，ほとんど区別はないことを意味する。

4.2.　語内距離

　続いて，ゆれの指標となる語内距離の出現傾向を確認していく。この指標は同じ語で距離を算出するため，語と語の組み合わせではなく，語ごとに分析を行う。

　まず，それぞれの語における語内距離出現傾向を地域ごとに分析する。すべての語の語内距離を下降幅・相対ピーク位置別に示したのが以下の表4である。

　全体を比較すると，東京中心部話者・首都圏東部域話者とも比較的類似する傾向にある。

　下降幅の語内距離は地域による顕著な違いはないように見受けられるが，

表4：地域別語内距離

		水 中心部 (n=25)	水 東部域 (n=106)	胸 中心部 (n=21)	胸 東部域 (n=113)	山 中心部 (n=21)	山 東部域 (n=110)	種 中心部 (n=21)	種 東部域 (n=108)	雨 中心部 (n=24)	雨 東部域 (n=108)
下降幅	平均値	0.62	0.58	1.60	1.28	1.33	1.30	1.03 *	1.63	1.62	1.51
	最大値	2.10	2.71	5.19	6.91	3.53	6.51	2.66	8.90	3.91	6.97
	最小値	0.12	0.02	0.00	0.00	0.08	0.01	0.01	0.03	0.00	0.00
	標準偏差	0.49	0.54	1.36	1.10	1.07	1.24	0.70	1.72	1.22	1.40
相対ピーク位置	平均値	0.31	0.26	0.12 *	0.24	0.14 *	0.21	0.26	0.17	0.23	0.20
	最大値	0.89	1.13	0.35	0.98	0.43	0.67	0.64	0.69	0.57	1.13
	最小値	0.03	0.00	0.00	0.00	0.02	0.00	0.00	0.00	0.01	0.00
	標準偏差	0.24	0.26	0.11	0.22	0.12	0.17	0.21	0.18	0.15	0.24

「種」のみ首都圏東部域話者の方が大きいことが確認された[7]。

　相対ピーク位置の語内距離を確認すると，「胸」「山」は首都圏東部域の値が大きいことがわかった。

　以上から，ゆれの指標となる語内距離においては，両地域の話者間であまり顕著な違いがないことがわかった。しかし，相対ピーク位置の語内距離において，「胸」「山」といった尾高型相当語は東京中心部話者の方が小さく，首都圏東部域の方が大きい結果を示したことを踏まえると，尾高型相当語の相対ピーク位置の語内距離が大きい，すなわちゆれが大きい点は，首都圏東部域話者における特徴といえる。

5. 語間距離・語内距離を用いた統合的分析

　ここまでの分析では，語間距離・語内距離ともに下降幅と相対ピーク位置の2値を別々に検討してきた。本節では，下降幅・相対ピーク位置という二つの指標を統合的に捉えるべく，下降幅・相対ピーク位置を用いた新たな指標を立て，本データの統合的検討を試みる。

　ただし，2種の指標は元々の単位が異なるため，4.で用いたプレーンな値ではなく，下降幅・相対ピーク位置をそれぞれ標準化[8]した上で分析に用いる。

　下降幅・相対ピーク位置を用いて新たに立てる指標は，語間距離の統合的

指標となる「型区別面積」と，語内距離の統合的指標となる「統合語内距離」の２種である。以下，各指標の計算方法を述べる。

5.1. 型区別面積

　語間距離の統合的指標となるのが，型区別面積である。この指標は，「水」「胸」「山」「種」「雨」３回ずつ発話した各語について，相対ピーク位置の平均値をx座標値，下降幅の平均値をy座標値とみなし，隣り合う５点を結んだ図形の面積を求めたものとなる[*9]。以下，本節ではこの面積の算出モデルと，得られる結果の解釈について説明する。

　まず，東京中心部の典型的な話者の２拍名詞助詞付き発話においては，平板型・尾高型・頭高型という三つのアクセント型が出現し，相対ピーク位置・下降幅によって明瞭に弁別される。そのため，相対ピーク位置の値をx座標，下降幅の値をy座標に付置すると，おおよそ三つの型を頂点とした三角形を描くことが想定される（図３）。型区別面積は，この三角形の面積を求めることにおおむね等しい。アクセントの下がり目が明瞭なほど下降幅は大きく，三つのアクセント型が下がり目の位置によって明瞭に区別されているほど相対ピーク位置の語間距離は離れるため，結果として，型区別の明瞭な話者の場合，型区別面積も大きくなると想定される。

　一方，三つの型の区別があるものの，下降幅のみが小さい場合は，図４の灰色で表されている部分のように，小さな三角形となる。また，相対ピーク位置の語間距離のみが小さい場合は，図５の灰色で表されている部分のように，幅の狭い三角形となる。図４・５いずれの場合も，図５のような型区別の明瞭な話者に比べて型区別面積は小さくなることが想定される。

　下降幅・相対ピーク位置ともにすべての語で同じような値をとるケースは，図４・５に比べてさらに小さな三角形となる（図６）。これは，ほとんど型区別のない，無アクセント的特徴を示すものと想定される。

　以上で示したように，型区別面積を求めることで，当該地域話者の型区別の「あいまい性」「明瞭性」を統合的に把握することが可能になると考えた[*10]。

　語内距離の統合的指標としては，各話者・各発話における下降幅・相対ピー

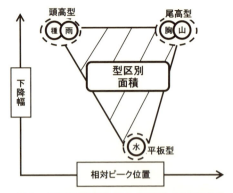

図3：型区別面積模式図（東京中心部典型例）

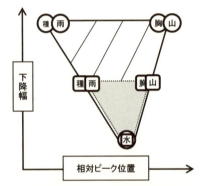

図4：明瞭アクセントと下降幅があいまい
なアクセントの型区別面積比較例

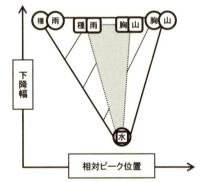

図5：明瞭アクセントと相対ピーク位置があ
いまいなアクセントとの型区別面積
比較例

ク位置を基に，ユークリッド距離により語ごとの直線距離を求めた。これに
より，各話者のゆれも下降幅・相対ピーク位置を統合して把握することがで
きると考えた。

5.2. 集計

　5.1.の方針で集計したデータ総数は，型区別面積：43，統合語内距離：655
である[11]。埼玉東部に属する菖蒲町の話者1名（ID：菖蒲02）は欠損データ

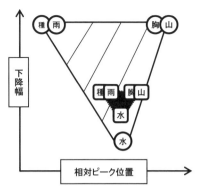

図6：明瞭アクセントと下降幅・相対ピーク位置ともに
あいまいなアクセントの型区別面積比較例

が多く，ここでの分析に含めなかったため，分析対象となる話者は全43人と
なっている。以下，本章ではこのデータを用いて分析を行っていく。

5.3. 統合的分析結果

5.2.のデータの基本統計量を地域別に示したのが表5である。

表5：地域別型区別面積・語内距離

		中心部 (n=7)		東部域 (n=36)
型区別 面積	平均値	1.91	*	1.17
	最大値	2.93		3.82
	最小値	1.52		0.08
	標準偏差	0.49		0.89
統合 語内距離	平均値	0.59		0.78
	最大値	0.82		1.79
	最小値	0.24		0.24
	標準偏差	0.23		0.44

　型区別面積を確認すると，東京中心部話者の方が大きい[12]。最大値や標
準偏差は首都圏東部域話者の方が大きいため，首都圏東部域話者は個人差が

大きいといえる。

　統合語内距離も首都圏東部域話者の方が大きい傾向を示したものの，顕著な違いはみられなかった*13。これは，東京中心部話者の方が語間距離や型区別面積が大きいため，それに比例して統合語内距離も大きくなったことが要因と考えられる。

　次に，型区別面積・統合語内距離を散布図に付置し，型区別面積・語内距離を個人ごとに確認する。話者ごとの両指標平均値を散布図で示したのが図7。図7では話者個人ごとの値によってプロットされている。各話者は地域IDという形で表し，東京中心部話者の地域IDは四角で囲んでいる。また，図中の破線は，それぞれ東京中心部話者・首都圏東部域話者を合わせた型区別面積の平均値（1.29）と統合語内距離の平均値（0.75）を示したものである。

　グラフは，x軸の値が大きいほど型間の距離が離れていることを表し，y軸の値が大きいほどゆれが大きいことを表している。図の四隅には，後に詳細を述べる群ごとの特徴も示した。

　型区別面積・統合語内距離，二つの指標間の関係をみると，単純な正の相関関係にはないことがわかった*14。

　話者のばらつきをみると，大きいのは型区別面積が小さい話者で，図中の左側に位置する話者ほど統合語内距離の上下幅が大きい。そして，型区別面積が大きい図7右方の話者になるに従って，統合語内距離は1.0を若干下回る程度の値に収斂している。

　次に，型区別面積・統合語内距離の平均値を基準にした交点によって分割された，各群の特性をみる。この分類による各群の特徴と解釈をおおまかに記述すると，

　　右下：型区別面積が大きく，統合語内距離が小さい「型区別が明瞭でゆれ
　　　　　にくい話者群」
　　右上：型区別面積が大きく，統合語内距離が大きい「型区別が明瞭だがゆ
　　　　　れやすい話者群」
　　左下：型区別面積が小さく，統合語内距離が小さい「型区別が不明瞭だが
　　　　　ゆれにくい話者群」

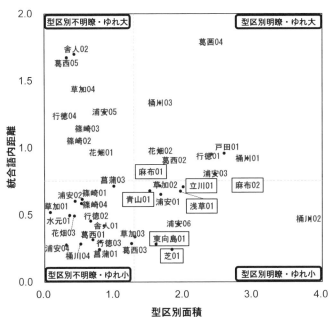

図7：型区別面積・統合語内距離散布図

　左上：型区別面積が小さく，統合語内距離が大きい「型区別が不明瞭でゆ
　　　　れやすい話者群」

になると考えられる。

　次に，上述した同一群内の話者の属性と人数を確認する。まず，右下の「型
区別が明瞭でゆれにくい話者群」11人のうち，6人が話者名を四角で囲んだ
東京中心部話者であることがわかる。また，首都圏東部域話者も4人みられ
る。

　右上の「型区別が明瞭でゆれが大きい話者群」9人のうち，8人が首都圏
東部域話者であるものの，東京中心部話者も1名のみみられる。

　左下の「型区別が不明瞭だがゆれにくい話者群」（15人）と左上の「型区別
が不明瞭でゆれやすい話者群」（8人）には首都圏東部域話者のみ属する。ど
ちらの地域も，これまで「あいまいアクセント地域」として指摘されてきた

葛西・篠崎・舎人といった東京東北部の話者，菖蒲町・草加といった埼玉東部，浦安・行徳といった千葉西部の話者が属している。

なお，首都圏東部域話者の中で型区別面積が大きい話者でも，ゆれの大きい右上の群に属する話者の方が多くみられることから，東京中心部話者と同程度の型区別傾向にあったとしても，音声的なゆれは大きい傾向にあるともいえる。

6. まとめと考察

以上，本章では下降幅・相対ピーク位置の語間距離・語内距離という2種類の距離を用いて分析を行い，型区別とゆれという観点からアクセントの「あいまい性」を明らかにすることを試みた。

まず，型区別の反映となる語間距離を分析した結果，首都圏東部域話者は東京中心部話者に比べて値が小さい傾向を示したため，型区別も不明瞭であることがうかがえた。これは，金田一春彦（1942；1948）をはじめとする先行研究における記述と一致するため，語間距離という指標によって，首都圏東部域アクセントにおける型区別の不明瞭性が客観的に捉えられたと考えられる。加えて，本分析では従来指摘されてきた下降幅だけでなく，相対ピーク位置も不明瞭であることが確認された。第2部第1章・第2章で言及したように，首都圏東部域アクセントの「あいまい性」は，これまで中心的な特徴として記述されてきた「高低差」だけで捉えられるわけではないことを改めて指摘できる。

次に，ゆれの指標として分析した語内距離は，すべての語において首都圏東部域話者の値が大きいといったような，はっきりとした差はみられなかった。しかし，語によって出現傾向に違いがあり，首都圏東部域話者に比べて東京中心部話者は「胸」「山」という尾高型の語の相対ピーク位置の語内距離が小さいことがわかった[*15]。

最後に，型区別面積と統合語内距離によって個人ごとのプロットを行い，それぞれの出現傾向により話者を4群に分けたところ，東京中心部話者は全7人中6人が「型区別が明瞭でゆれにくい話者群」に属することがわかった。残る1名も「型区別が明瞭でゆれやすい話者群」に属すため，個人差が小さ

く，すべての話者の型区別が明瞭であるという共通点が見出せた。

　一方の首都圏東部域話者，とくにこれまで「あいまいアクセント」分布域と指摘されてきた地域の話者は，東京中心部の話者のように特定の群に集中することがなく，同一地域内においても個人差の大きい傾向がみられた。この傾向は，「曖昧アクセント地域で多数の話者を調査すると，その曖昧の度合いが話者によってかなり異なることに気づく。」（佐藤亮一，2006：7）という指摘と一致すると解釈できる。

　しかし，首都圏東部域話者の個人差が大きいのはゆれの指標となる語内距離であり，型区別の指標となる語間距離は，東京中心部話者に比べて小さいという点がおおむね共通していることも明らかになった。

　以上から，本章における分析は，金田一春彦（1942）で「型の区別の明瞭さの程度」などと指摘されてきた要素を，「型区別の明瞭性」と「ゆれの程度」として客観的に分析した上で，佐藤亮一（2006）で指摘された「曖昧の度合い」を可視化し，さらに，これまで指摘されていなかった両特徴の地域間・個人間の出現傾向の違いを明らかにしたものと位置づけることができる。

7.　今後の課題

　以上，本章では音響的指標を基に型区別の明瞭性・ゆれの程度という観点から首都圏東部域アクセントの「あいまい性」を捉えた。本分析でみられた個人差については，その要因の詳細な考察に至らなかったため，話者の属性などを多角的にみることにより，考察を深めていきたい。

　また，本章における分析では，図7を基に話者を大まかに4分類した。しかし，この分類の妥当性については検証を行えなかった。そのため，第2部第4章では多変量解析を用いた分析によって当該地域アクセントの分類を客観的に行い，さらに詳細に当該地域アクセントの「あいまい性」・「明瞭性」といった特徴を把握していく。

1 　本研究の調査対象域から外れるものの，近接する無アクセント地域の栃木県氏家町方言を対象に分析を行った佐藤和之・篠木れい子（1991）では，２拍名詞助詞付き発話における１拍目と２拍目の高低差，２拍目と助詞の高低差を分析し，共通語アクセントに比べて氏家町アクセントの高低差が小さいことを明らかにしている。その他，分析者の聞き取り結果と音響分析結果の比較検討も行っている。

2 　菖蒲02は「種」のＦ０が取得できなかったため，図では外れている。

3 　１人あたりの組み合わせ数は，語間距離：平均89.11，標準偏差11.58。語内距離：平均14.98，標準偏差2.87。すべての話者から同数のサンプルを得られているわけではないため，若干のバラつきがある。

4 　東京中心部話者・首都圏東部域話者における組み合わせごとの違いをみるため，Welchの検定を行った。それぞれの結果は以下のとおり。

　　［下降幅］

　　　　水－胸：df = 122.96，　t = -8.742，　p = 0.000
　　　　水－山：df = 129.01，　t = -8.297，　p = 0.000
　　　　水－種：df = 112.20，　t = -8.671，　p = 0.000
　　　　水－雨：df = 138.13，　t = -7.629，　p = 0.000

　　［相対ピーク位置］

　　　　水－胸：df = 88.91，　t = 3.490，　p = 0.000
　　　　水－山：df = 102.80，　t = 4.236，　p = 0.000
　　　　水－種：df = 103.39，　t = -6.561，　p = 0.000
　　　　水－雨：df = 114.44，　t = -0.904，　p = 0.367

5 　ここでも，東京中心部話者・首都圏東部域話者における組み合わせごとの違いをみるため，Welchの検定を行った。それぞれの結果は以下のとおり。

　　［下降幅］

　　　　胸－種：df = 84.30，　t = 0.013，　p = 0.989　　胸－雨：df = 151.79，　t = 5.466，　p = 0.000
　　　　山－種：df = 81.95，　t = 0.416，　p = 0.677　　山－雨：df = 187.60，　t = 4.773，　p = 0.000

　　［相対ピーク位置］

　　　　胸－種：df = 85.57，　t = -6.843，　p = 0.000
　　　　胸－雨：df = 117.02，　t = -2.032，　p = 0.044
　　　　山－種：df = 87.50，　t = -8.171，　p = 0.000
　　　　山－雨：df = 108.77，　t = -1.713，　p = 0.089

6 　ここでも，東京中心部話者・首都圏東部域話者における組み合わせごとの違いをみるため，Welchの検定を行った。それぞれの結果は以下のとおり。

［下降幅］

胸－山：$df = 100.34$, $t = 0.575$, $p = 0.566$　種－雨：$df = 115.13$, $t = 1.711$, $p = 0.089$

［相対ピーク位置］

胸－山：$df = 129.09$, $t = 3.597$, $p = 0.000$　種－雨：$df = 86.16$, $t = -2.271$, $p = 0.025$

7　語内距離においても，東京中心部話者・首都圏東部域話者における語ごとの違いをみるため，Welchの検定を行った。それぞれの結果は以下のとおり。

［下降幅］

水：$df = 38.94$, $t = -0.386$, $p = 0.701$

胸：$df = 25.17$, $t = -1.011$, $p = 0.321$　山：$df = 31.07$, $t = -0.094$, $p = 0.925$

種：$df = 75.36$, $t = 2.707$, $p = 0.008$　雨：$df = 37.48$, $t = -0.398$, $p = 0.692$

［相対ピーク位置］

水：$df = 39.18$, $t = -0.968$, $p = 0.339$

胸：$df = 56.06$, $t = 3.776$, $p = 0.000$　山：$df = 38.86$, $t = 2.322$, $p = 0.025$

種：$df = 26.07$, $\mathrm{t} = -1.728$, $p = 0.095$　雨：$df = 54.82$, $t = -0.728$, $p = 0.469$

8　標準化に際しては，下降幅・相対ピーク位置それぞれにおいて（観測値－平均値）／標準偏差という計算を行った。このようにして標準化したすべての発話の下降幅・相対ピーク位置の値を基に，型区別面積・統合語内距離の算出を行った。標準化の方法は武藤眞介（2010：47）を参考にした。

9　5点の相対ピーク位置平均値をx座標値，下降幅平均値をy座標値とみなし，その点のx座標値×［（一つ先のy座標値）－（一つ前のy座標値）］の総和の絶対値（倍面積）を求め，1/2するという，座標法（大嶋太市，2009：216）により面積を計算した。なお，この計算により面積を求める際，y座標値が最も小さい語（おおむね「水」）を基準とし，起点・終点となるように反時計回りに点を結んだ。また，線を結ぶ際は，面積が最大になる順番を選択した。

10　首都圏東部域・東京中心部では，2拍名詞助詞付き発話では基本的に三つの型が想定されるため，面積を型区別の明瞭性の反映とみなすことが可能である。一方，2拍名詞のアクセント型が一つ，もしくは二つしか想定されない場合は，面積を求めても多角形を構成しないために，値が極端に小さくなる可能性がある。ただし，このようなケースは，首都圏東部域・東京東北部では認めにくいと考えている。首都圏東部域的ではないあいまい・不明瞭アクセントの分析も視野に入れた，型区別にかかわる総合的な指標の検討は，今後の課題としたい。

11　1人あたりの組み合わせ数は，語間距離：平均89.11，標準偏差11.58。語内距離：平均14.98，標準偏差2.87。すべての話者から同数のサンプルを得られているわけではないため，若干のバラつきがある。

12　東京中心部話者・首都圏東部域話者の型区別面積の平均値の違いを確認するため，Welchの検定を行った。その結果，$df = 15.123$，$t = -3.132$，$p = 0.006$となり，東京中心部話者の型区別面積が有意に大きいことが確認された。

13　東京中心部話者・首都圏東部域話者の統合語内距離の平均値の違いを確認するため，Welchの検定を行った。その結果，$df = 16.089$，$t = 1.727$，$p = 0.103$となった。

14　話者全体における型区別面積・統合語内距離の2変数間には有意な相関は認められなかった。ピアソンの積率相関係数はr = 0.020であった。

15　これは，東京中心部の話者において，音声面では尾高型が安定的に実現されることを表していると思われる。

第4章

首都圏東部域アクセントの
「あいまい性」・「明瞭性」
——音響的指標に基づく分類結果から——

1. はじめに

　ここまで，下降幅・相対ピーク位置という音響的指標的を用いて首都圏東部域アクセントの特徴を分析し，当該地域アクセントにおける「あいまい性」の要因について検討を行ってきた。本章では，第2部第2章で分析に使用した下降幅・相対ピーク位置という音響的指標を用いて，多変量解析による統合的な分析を行う。この分析により，明瞭アクセント・あいまいアクセントの分類を客観的・計量的に行い，第2部第2章・第3章で試みてきたようなアクセントの「あいまい性」・「明瞭性」の関係性に対する考察をさらに深めることを目的とする。

2. 先行研究
2.1. 首都圏東部域アクセントの分類と地理的分布

　首都圏東部域を含む関東広域アクセントの分類・類型化は，金田一春彦（1942）によって初めて試みられた。そこでは，「出現型」や「型の明瞭度」を基に，首都圏東部域を含む関東広域アクセントを「京浜系アクセント」「埼玉系アクセント」「東北系アクセント」という三つのタイプ，およびそれぞれの中間アクセントに分類・類型化している。以来，埼玉東部のアクセントは「埼玉特殊アクセント」と呼称され，その実態解明を目指した研究が多数行われてきた。しかし，それらの研究における分析対象域は限られており，首都圏広域や複数域を対象としたものは，秋永一枝・佐藤亮一・金井英雄（1971），大橋勝男（1984）や都染直也（1982；1983）と少ない。そのため，首都圏広域を対象としてアクセントの分類・類型化を試みた研究もほとんどない。

また，金田一春彦（1942：1948）は首都圏広域の類型を行っているものの，示された分布図では個人差が捨象されているため，首都圏東部域内の個人差およびその地理的分布の確認ができない。

埼玉特殊アクセントの出現が指摘された地域に絞った調査を行い，その共通語化プロセスに注目した研究には，木野田れい子（1972）や大橋純一（1996）がある。木野田れい子（1972）では埼玉県旧久喜町の話者15人を対象とし，単語単独・付属語付き発話におけるアクセント型の出現傾向から，「準久喜式アクセント」「曖昧アクセント」「東京アクセント」と三つのタイプに分類している。大橋純一（1996）も，同様の指標によって埼玉県蓮田市29人・久喜市27人・鳩ヶ谷28人の話者を埼玉特殊アクセント的特徴が強い「A-1」から共通語アクセント的特徴が強い「B-2」までの5タイプに分類している。大橋純一（1996）では，「ⅣⅤ類尾高型」の出現程度がAタイプとBタイプを分かつ特徴になると指摘しており，新たな分類指標が追加されている。

東京東北部を対象にした研究である林直樹（2012.12）では，話者44人を対象に，出現する音調型とゆれの程度を指標としたクラスター分析を試み，その結果「埼玉特殊アクセント的話者群」「共通語・東京中心部話者群」の2群を抽出している。

以上で掲げた話者分類によるアクセントのタイプ分類はいずれも聞き取りによるもので，分類に際しては「共通語・東京中心部アクセント型」との一致／不一致を主たる判断基準としている。そのため，「共通語アクセント・明瞭アクセント⇔あいまいアクセント・埼玉特殊アクセント」という単線的な関係を想定して分類や類型化を行った研究であったといえる。

その他，本研究とは異なる手法となる，談話調査の結果からあいまいアクセント・一型アクセントの考察を試みたものに山口幸洋（1998）がある。

2.2.　首都圏東部域アクセントの音声的特徴

あいまいアクセントの主たる特徴として，金田一春彦（1948）では「不明瞭な高低差」を指摘している。しかし，この指摘は分析者の聴覚印象によるものである。ここで指摘されているような発話の特徴や聴覚印象を客観的，かつ詳細に明らかにするためには，音響的な観点からの検討が必要になると

考えられる。埼玉特殊アクセントを対象に音響的分析を試みた研究には大橋純一（1996）があるものの，話者1名・計6語分のピッチ曲線を目視によって確認した事例研究に留まっている。また，郡史郎（2004.12）ではピークの位置も方言音声の特徴を捉える際の重要な要素となることが指摘されているが，この指標を用いて当該地域の音声を分析した例はない。そのため，当該地域音調の音声的側面は，不明瞭性の主たる要素とされてきた高低差やそれ以外の特徴について，ほとんど検討されていないといえる[*1]。

2.3. 本章の目的

　以上の先行研究から，首都圏東部域アクセントの「あいまい性」を解明するためには，首都圏広域を調査し，高低差やピーク位置といった不明瞭な音声的特徴を捉えるための音響的指標を立てる必要があると考えた。そして，音響的指標を元に話者分類を行うことによって，これまで研究者の主観によって定められてきた当該地域アクセントの類型（タイプ）を，客観的に抽出できると想定した。このようなアプローチから当該地域アクセントの「あいまい性」を明らかにすることを目的に掲げ，以下，分析を進めていく。

3. データ

　本章では，第2部第2章・第3章で用いたデータと同じものを用いる。対象となる話者は，首都圏東部域36人，東京中心部7人，計43人[*2]である。詳細な調査概要は本書序章の調査概要に記した。

4. 分析方法
4.1. 分析指標

　本稿で分析指標として取り上げるのは，高低差・ピーク位置である。本稿では，大橋純一（1996）で確認されている「不明瞭な高低差」を分析する指標として下降幅を，アクセントの下がり目の位置や安定性にかかわる特徴を捉える指標として相対ピーク位置を設定した。指標化に際しては，まず，分析対象となる音声をサンプリング周波数44.1kHz・量子化ビット数16bitで変換した上で，音響分析ソフトPraat（ver5.2.22）を使用してタグ付けをし，基

本周波数・時間長の計測を行った。

4.2. 分析対象語

　分析対象語は，2拍名詞Ⅰ～Ⅴ類から1語ずつ，計5語とする。対象語は，共通語・東京中心部アクセントにおいて出現する型である平板型・尾高型・頭高型を網羅する[*3]。具体的な出現型・語・語類は，平板型：水（Ⅰ類）／尾高型：胸（Ⅱ類），山（Ⅲ類）／頭高型：種（Ⅳ類），雨（Ⅴ類）である。

4.3. 分析手法

　上記の手法で計測した指標を用いて統計的な話者分類を行うため，本研究では，多変量解析手法の一種，クラスター分析を用いる。クラスター分析は「分類対象の集合の各要素を個体間の類似度に基づき，いわゆる「似たもの同士」の部分集合に分類する」（佐藤義治，2009：87）手法である。当該地域の特性として，個人差の大きいことはすでに知られているため，その個人差に注目し，個人間の類似度に基づく帰納的分類を目指す本章において，クラスター分析はふさわしい手法だと考える[*4]。

　クラスター分析に使用する変数は，3.2.で挙げた5語の下降幅・相対ピーク位置の値とした。5語×3回＝15発話を用いて43人の話者を分類したことになる。分析に用いた発話総数は555で，欠損値がある場合はそれぞれの話者・語ごとの下降幅と相対ピーク位置の平均値を代入した（松原望・美添泰人，2011：357）。平均値を用いたのは，本指標が連続的な値をとるためである。代入した発話数は15（データ全体の2％）となった[*5]。なお，クラスター分析によって類似度をみる際，単位の異なる二つの指標はそれぞれ標準化した（Romesburg, 1992）。クラスター分析はR言語[*6]（ver2.13.0）によって行い，サンプル間の距離はユークリッド距離を2乗したものを用い，クラスター間の距離はWard法により求めた。

5. 分析

5.1. クラスター分析による分類結果

　4. で示した手法に基づく分析結果を樹形図として示したのが図1である。

Height

0   100   200   300   400

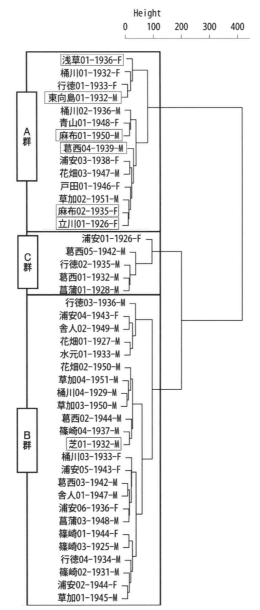

図1：音響的指標を用いたクラスター分析結果

本分析では，図1の樹形図から話者を3群に分類することが適当と判断した。図中，分類した群は太線で囲み，それぞれの群の左側に名前を掲げている。また，図中では，話者を「地域・ID・生年・性」という形で表し，比較対照群である東京中心部話者を四角で囲んだ。

　図1の全体傾向を確認すると，A群に東京中心部話者が，B群・C群に東京東北部・千葉西部・埼玉東部の話者が集中しているが，A群・B群は東京中心部話者も東京東北部・千葉西部・埼玉東部話者も属している。また，東京中心部話者はC群に所属しないことも確認できる。

　次に分岐状況を確認する。図1からは，A群とB群・C群とがまず分岐し，次にB群とC群に分かれることが確認できる。これは，東京中心部の話者群と東京東北部・千葉西部・埼玉東部の話者群の間に最も大きな差異があることを意味する。

　なお，話者の分類数を3群とした妥当性を検証するために，判別分析を行った（Romesburg, 1992）。独立変数となる属性測定値は本分析でクラスター分析に用いたすべての変数とし，強制投入法による線形判別分析手法を実施した。leave-one-out法による交差確認を行い，正判別率を算出した結果，2群：65.12%，3群：65.12%，4群：44.19%，5群：42.86%となった。以上の結果を受け，正判別率が最も高く，かつ群数が多い3分類に基づく解釈を施すことが妥当と考えた。

　各群の詳細な特徴は5.2.以降の分析により把握していき，6.でその解釈を述べる。ここでは，各群に属する話者属性を示し，想定されるアクセントタイプを記述する。

・A群（図中上側）：東京中心部話者が多く属しており，共通語・東京中心部的な特徴を示すと思われる話者群。平均生年は1939.2，男性6人，女性8人が属する。

・B群（図中下側）：ほぼ首都圏東部域話者で占められているが，東京中心部話者もみられるため，あいまいアクセント的特徴と東京中心部・共通語的な特徴を併せ持つと思われる話者群。平均生年は1939.7，男性18人，女性6人が属する。

・C群（図中中央）：葛西・浦安・行徳など，首都圏東部域話者の中でもこれまであいまいアクセントと指摘されてきた地域の話者のみで構成される。あいまいアクセント的特徴が最も強く現れるとみられる話者群。平均生年は1932.6，男性4人，女性1人が属し，他の群と比べて若干年齢が高い話者で構成されているといえる。

5.2. 音響的指標からみた各群の特徴

5.1.で得られた各群の傾向を詳細に確認するため，以下では下降幅・相対ピーク位置という音響的指標に基づく各群の特徴をみていく。それぞれの群における下降幅・相対ピーク位置の平均値を示したのが図2である。図2では，相対ピーク位置をx軸，下降幅をy軸として表し，各語・各群の平均値をプロットした。また，群ごとに近接する語を線で結んだ。群は順に○△□の記号で区別し，分析対象語は記号中に示した。

図2はx軸の値が大きいほどピークが後ろ寄りに現れたこと，y軸の値が大きいほど下降幅が大きいことを示している。語と語の間に結ばれた線分は，音響的指標からみた型の区別が明瞭かどうかを表す。例えば，音響的指標に

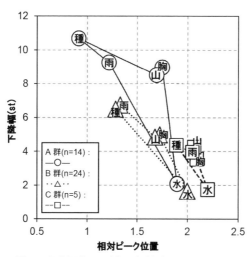

図2：大分類群の下降幅・相対ピーク位置平均値

おいて平板型・尾高型・頭高型がはっきりと分かれている場合，線分は明瞭
な三角形となる。一方，音響的指標上型区別がない場合は，一点に集中する
こととなる。

　図2の全体傾向としては，群により各語の値が大きく異なることが確認で
きる。

　以下，各群における分析対象語の位置関係，全体の形状，音響的指標の出
現傾向を詳しくみていく。A群は平板型相当語「水」,尾高型相当語「胸」「山」,
頭高型相当語「種」「雨」の下降幅・相対ピーク位置が離れており，三つの
型がそれぞれはっきりと区別された三角形を構成している。下降幅では，平
均値が最も大きい「種」10.67stと最も小さい「水」2.08stの差分が8.59st，相
対ピーク位置では，平均値が最も大きい「水」1.90と最も小さい「種」0.91
の差分が0.99となった。他の群に比べて「胸」「山」「種」「雨」といった起
伏型相当語の下降幅が大きいこともA群の特徴である。

　B群は，各語の下降幅・相対ピーク位置の値が若干離れてはいるものの，
A群に比べると三角形の形状が小さく，偏っている。とくに,「胸」「山」「種」
「雨」といった起伏型相当語の下降幅が小さく，平板型相当語「水」と近接
している。B群でも音響的指標における最大値と最小値の差分をみると，下
降幅は「雨」6.75stと「水」1.65stとで5.10st，相対ピーク位置は「水」2.00
と「種」1.28とで0.72となった。

　C群はB群より「胸」「山」「種」「雨」といった起伏型相当語の下降幅が小
さく，かつすべての語の相対ピーク位置が大きい（ピークの到達が遅い）。その
ため，A・B群に比べ，すべての型・語間の距離がどちらの指標においても
近接しており，ほとんど一点に集中している。C群において，下降幅は「種」
4.37stと「水」1.75stの差分が2.62st,相対ピーク位置は「水」2.20と「種」1.89
の差分が0.31となった。

　以上の音響的指標の出現傾向から，A群は各群の中でも下降幅・相対ピー
ク位置による区別が明瞭であることがわかった。一方のB群・C群はA群と
比較すると型・語ごとの区別が不明瞭だといえる。その中でも，B群は下降
幅においてのみ，C群は下降幅・相対ピーク位置ともに不明瞭性が確認され
た。よって，B群よりもC群の方が二つの観点において不明瞭性が高いこと

を指摘できる[*7]。

5.3. 地理的分布

　次に，以上の分類で得た話者群の地理的分布傾向を確認する。図２と同じ記号を用いて話者群を表現し，首都圏東部域の地図にプロットしたものが図３である。地図上には金田一春彦（1942）によるアクセント分布図も重ね合わせた[*8]。

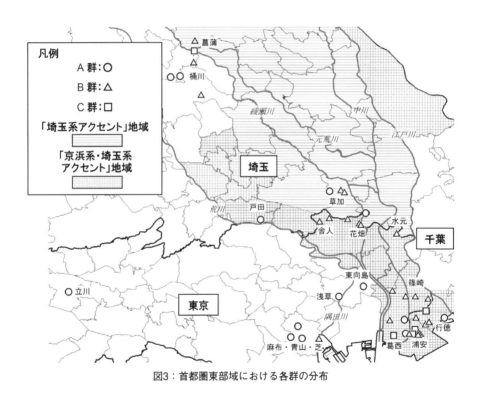

図3：首都圏東部域における各群の分布

　図３から，A群の話者は東京中心部に主に分布し，B群・C群の話者は東京東北部・千葉西部・埼玉東部といった首都圏東部域に主に分布していることがわかる。B群の話者は舎人地区・花畑地区・水元地区・篠崎地区と東京

東北部に多く，C群の話者は本研究における調査域のなかで北端に位置する埼玉東部の菖蒲町，南端に位置する東京東北部葛西・千葉西部の浦安・行徳地区といった地域に分布する傾向がみられる。

　続いて，都県別に地域差を確認する。埼玉内では菖蒲町にB群・C群が分布しており，桶川地区にA群が分布している。また，東京内においては東北部（江戸川区・葛飾区・足立区）にはB群・C群が多く，中心部（墨田・江東区以西）にはA群が多い。千葉西部はB群・C群が中心となっているものの，A群も若干名みられる。

　以上の地理的分布傾向から，各群の主要分布域は，以下のように捉えることができる。

　　ほぼA群のみが分布する地域：東京中心部・埼玉東部戸田地区・桶川地区
　　A群・B群が分布する地域：埼玉東部草加・東京東北部花畑
　　B群のみが分布する地域：東京東北部舎人地区・水元地区・篠崎地区
　　A群・B群・C群が分布する地域：東京東北部葛西地区・千葉西部浦安地区・
　　　　　　　　　　　　　　　　　　行徳地区・埼玉東部菖蒲町

　東京中心部や，中心部からあまり離れていない地域はほぼA群のみが分布している。一方，東京東北部から千葉西部にかかる地域では，A群・B群・C群すべての話者が分布していることがわかる。これは，金田一春彦（1942）ではまとめられていたあいまいアクセント地域における同一地域内の個人差が，明示的に視覚化されたものということができる[9]。

6. 考察
6.1. 各群の特徴とその解釈

　次に，5. の分析を踏まえてA群・B群・C群の性質について整理し，各群についての解釈（命名）を行う。

A群：明瞭群
主として東京中心部話者によって構成される群。下降幅が大きく，相対ピー

ク位置も型の異なる語ごとに明瞭な差異がみられる。従って，東京中心部ア
クセントと同じように「平板型」「尾高型」「頭高型」という三つの型が明瞭
に区別されているタイプである。分布域は東京中心部，東京東北部の花畑地
区，埼玉東部桶川地区・草加地区・戸田地区。これらの地域は，従来「明瞭
アクセント」として指摘されてきた地域とほぼ重なる。

B群：高低差不明瞭群

東京東北部・千葉西部・埼玉東部話者が主に属する群。下降幅は小さいが，
相対ピーク位置は型の異なる語によって区別される傾向がある。型は区別さ
れてはいるものの，先行研究で指摘された「明瞭ではない高低差」という特
徴を持つタイプといえる。分布域は主に東京東北部の篠崎地区・舎人地区・
水元地区。これらの地域は，多様な不明瞭アクセントの分布が指摘されてき
た東京東北部とそこに近接する地域である。

C群：型区別不明瞭群

首都圏東部域話者で構成される群。いずれの語においても，下降幅は小さく，
相対ピーク位置は相互に近接した値を示す。下降幅・相対ピーク位置いずれ
の観点においても型区別が最も不明瞭なタイプ。分布域は埼玉東部の菖蒲町，
東京東北部から千葉西部沿岸域にかかる葛西地区・浦安地区・行徳地区一帯。
この地域は「埼玉特殊アクセント」やそれに類する不明瞭アクセントが分布
すると指摘されてきた地域と重なる。

　以上の話者分類に基づくアクセント類型の解釈から，従来あいまいアクセ
ントとして包括的に指摘されてきた当該地域のアクセントには，「高低差不
明瞭群」と「型区別不明瞭群」という異なるタイプが存在することが確認さ
れた。
　この二つの不明瞭群のうち，「高低差不明瞭群」は金田一春彦（1942）・大
橋純一（1996）などで当該地域のあいまいアクセント的特徴として指摘され
てきた「不明瞭な高低差」が顕著に現れるタイプといえる。一方，「型区別
不明瞭群」は「不明瞭な高低差」に加えて，語ごとの相対ピーク位置がほぼ

同一の値を示したため，型区別も不明瞭であることが確認された。金田一春彦（1942）では，埼玉東部にみられる，高低差が不明瞭かつゆれの大きい話者を「久喜式アクセント」「草加式アクセント」と命名・分類している。しかし，これらのタイプが本章で抽出された「型区別不明瞭群」のように高低差に加えてピーク位置も不明瞭な音声的特徴を示すタイプであるかについて，明示的な言及はなされていない。

このように，B群「高低差不明瞭群」・C群「型区別不明瞭群」といった異なる性質を示す不明瞭アクセントのタイプが抽出された要因は，以下の3点が考えられる。

1点目は，分析指標に音響的特徴を用いたことである。この分析により，先行研究で聴覚的印象により指摘されていながらも詳細に検討されてこなかった高低差の不明瞭性を定量的に把握できた。加えて，ピーク位置を指標化することによって，高低差が小さく，語ごとのピークの位置が同じような「型区別不明瞭群」を抽出できたと考える。

2点目は，上述の二つの音響的指標を用いたクラスター分析によって話者を分類し，アクセントタイプを客観的に導き出したことである。この分析によって，あいまいアクセントとして言及されてきた不明瞭群が二つの群に分離された。

3点目は，首都圏東部域という広域を対象とした多人数調査を実施したことが挙げられる。これまでの先行研究では，埼玉東部の「埼玉特殊アクセント」が主に調査・分析対象とされてきたため，埼玉東部とは離れた東京東北部から千葉西部一帯を主たる分布域としている「型区別不明瞭群」が見出されにくかったのではないかと推察する。

また，5.3.で行った話者群の地図上への配置からは，従来指摘されてきた，同一地域における大きな個人差が地理的分布としても視認される結果を得た。「個人差がはなはだしく」（平山輝男，1957：112），「隣接する地点（ないし同一地点における2人以上の話者）でも，かなりアクセント傾向の異なる様相がみられる」（秋永一枝・佐藤亮一・金井英雄，1971：174）などと個別事例的に指摘されてきたことを，複数域・多人数のデータに基づき可視化したといえる。

6.2.　二つの尺度による話者群の位置づけ

6.1.で各群の特徴について考察を行った結果,「明瞭群」ほど下降幅が大きく,「不明瞭群」ほど小さいことがわかった。相対ピーク位置においては,「明瞭群」ほど型の異なる語間の相対ピーク位置の値が離れる,すなわちピーク位置によって明瞭に区分されていることがわかった。一方,「型区別不明瞭群」はいずれの語でも同じような値を示すため,ピーク位置では型が明瞭に区分されていないことがうかがえる。

3.1.で述べたように,下降幅は高低差,相対ピーク位置は下がり目位置の指標として設定したものである。そのため,本分析によって得られた各群は,「高低差の大小」と「下がり目位置間の距離の大小」の二つの要素によって記述される。

以下の図4は,高低差と下がり目の位置間の距離という二つの要素によって,今回の分析で抽出された三つのタイプを配置したモデル図である。

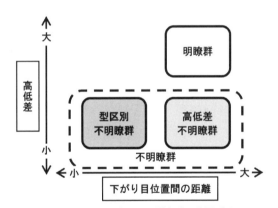

図4：二つの尺度による話者群の位置づけ

上方右側に,高低差・下がり目の位置間の距離ともに大きい,すなわちアクセント型間の差違が明瞭な「明瞭群」,下方右側に,高低差のみが小さく下がり目位置間の距離は「明瞭群」に近い「高低差不明瞭群」,下方左側に高低差・下がり目位置間の距離ともに小さい二つの「あいまい性」を兼ね備えた「型区別不明瞭群」が布置される。

図4のアクセントタイプの位置づけと先行研究を踏まえ，タイプ間の相互の関係性と変化方向についての解釈も述べる。先行研究の木野田れい子（1972）や大橋純一（1996）では「埼玉特殊アクセント」の明瞭化が指摘されており，本調査でも「型区別不明瞭群」の平均年齢が若干高く，「明瞭群」の平均年齢が低い傾向がみられたことを踏まえると，当該地域ではアクセントの明瞭化が生じていると考えられる。このような変化の方向性を図4に示した共時的な位置づけに当てはめると，アクセントが明瞭化する過程は「型区別不明瞭群」→「高低差不明瞭群」→「明瞭群」となることが推測される。また，この過程を図2で示した音響的指標の面から検討すると，明瞭化の際は，高低差・下がり目の位置ともに語ごとの区分が不明瞭な「型区別不明瞭群」から，高低差が大きくなり，かつ下がり目の位置が語ごとに分かれる「高低差不明瞭群」的な特徴が現れるようになると考えられる[*10]。続いて，いわゆる起伏型の語の高低差が大きくなり，下がり目の位置の距離も明瞭に分かれる「明瞭群」に達するとみられる。この過程を想定すると，先行研究で多く指摘されてきた「ⅣⅤ類尾高型」的特徴は，下がり目の位置が離れ，型の弁別が明瞭になる際に消失する特徴として捉え直すこともできる。

　以上を踏まえると，アクセントの「あいまい化」や「共通語化」は，高低差や下がり目の位置の不明瞭性といった複数の要素が連動しながら生じている事象として捉えることが可能となる。また，その変化過程は高低差のみがあいまいになるようなものではなく，下がり目の位置と相互に影響し合うものとした方が，当該地域のあいまいなアクセントのありようをよく説明するものになると考える。

　図5に示したように，金田一春彦（1942）においても，関東広域のアクセントは「型の明瞭度」と「標準語と似たアクセント」という複数の尺度によって位置づけられ，それに基づく変化過程が考察されている（p.324）。

　しかし，この研究では変化過程においてどのような音声的特徴が観察されるのか言及されておらず，各タイプを位置づける際に重要な要素となる「型区別の明瞭性」もどのように計られ，何に基づきその大小が比較されているのか，明示されていない。本研究は，高低差と下がり目の位置によって「型区別の明瞭性」を再定義し，複数のタイプが存在するあいまいアクセントの

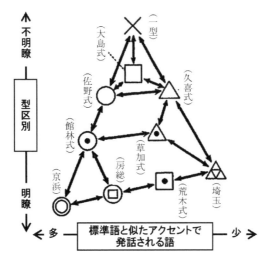

図5：金田一春彦（1942）の関東域アクセント分類
（左側・下側の矢印と分類基準は著者が追加）

新たな捉え方を従来の研究に積み重ねたものとして位置づけることができる。

7. 今後の課題

　本章では，一型アクセント・無アクセントといった，あいまいアクセント
と関連の深いアクセントを包括的に調査・分析するには至らなかった。今後，
埼玉の中心部分も含め，首都圏周辺部から北関東に連なる地域において調査
を行い，本研究のような下降幅・相対ピーク位置を指標とした分類が可能で
あるのか，また図4の空白部分となっている「高低差明瞭・下がり目位置間
の距離不明瞭」タイプは存在するのかを検証できるような発展的研究が必要
になると考える。さらに，同一地域における個人差の要因を明らかにするた
めの調査や，都染直也（1983）や井上史雄（1984.02）で試みられている話者の
意識・知覚を把握するための聞かせる調査も視野に入れつつ，より多角的な
指標・手法によってあいまいアクセントの実態を解明していくことを課題と
する。

　また，本指標を用いた地域差・年齢差はさらに詳細に分析する必要がある。

東京中心部や今回対象とした高年層以外の年層のデータも用いた分析を行い，当該地域に生じている共通語化・東京中心部化傾向もさらに詳細に把握することを目指す[*11]。

　さらに，本分析ではアクセントの分類を地図上にプロットし，地理的な傾向と個人差について考察したが，金田一春彦（2005）では，「東京都の今の足立区・葛飾区のあたりのアクセントなど，幾ら調べても人ごとにアクセントが違っていたりして，記述ができない」（p.644）と，あいまいアクセント地域の個人差の程度にも地域差があることも触れられている。東京東北部は他のあいまいアクセント地域に比べて個人差が大きいかどうかは本調査結果から明らかにすることはできなかったが，今後は，あいまいアクセント地域における個人差は，明瞭アクセントと不明瞭アクセントとの接触地域ほど大きくなるのか，それとも他の傾向が見出せるのか，といったことについても考察していきたい。

1　聞き取りによらない音響的特徴によって不明瞭なアクセントの実態を明らかにできることは，郡史郎（2006.08）でも指摘されている。また，本研究は主に音響的特徴という話者の生成面からアクセントの「あいまい性」にアプローチするものだが，当該地域における生成と知覚の「あいまい性」はほぼパラレルであると指摘されている（井上史雄，1984.02）ため，生成面を明らかにすることは，話者の意識を明らかにすることにも繋がると考える。

2　第2部でこれまで分析対象としてきた話者のうち，菖蒲02は発話データの欠損が多いため，分析から除外した。

3　各語のアクセント型は，NHK放送文化研究所編（1998）・秋永一枝編（2010）による。なお，これらの語は，秋永一枝編（2010）でも複数のアクセント型は現れない。出現する音調に複数のバリエーションがみられた場合でも，東京中心部における型のゆれの反映である可能性は低い。

4　話者分類に基づくアクセントタイプの類型化は，田中ゆかり（1999）でも試みられている。また，統計的手法に基づく帰納的解釈は，内省や観察では見逃しがちな分類を顕在化させることもあると述べられている（田中ゆかり・前田忠彦，2012；

2013；田中ゆかり，2012）。

5　欠損値の代入を行ったのは，草加01（種1語），草加02（種2語），草加04（雨1語），篠崎02（山1語），葛西01（雨1語），葛西02（水1語），葛西03（水1語），葛西04（雨1語），浦安02（水1語・種1語），浦安04（胸1語），行徳03（水1語），舎人02（雨1語），立川01（水1語）である。

6　http://cran.md.tsukuba.ac.jp/からダウンロードした。

7　この傾向を確認するため，まず，等分散性の仮定されない分散分析により語ごとに各群話者の下降幅と相対ピーク位置の平均値の差の比較を行った。それぞれの結果は以下のとおり。

　　［下降幅］
　　　水：$df=2$，$F=4.048$，$p=0.024$　　胸：$df=2$，$F=57.656$，$p=0.000$
　　　山：$df=2$，$F=42.149$，$p=0.000$　　種：$df=2$，$F=61.660$，$p=0.000$
　　　雨：$df=2$，$F=23.959$，$p=0.000$

　　［相対ピーク位置］
　　　水：$df=2$，$F=4.956$，$p=0.011$　　胸：$df=2$，$F=9.747$，$p=0.000$
　　　山：$df=2$，$F=19.283$，$p=0.000$　　種：$df=2$，$F=83.968$，$p=0.000$
　　　雨：$df=2$，$F=19.938$，$p=0.000$

　すべての変数で有意差がみられたため，Games-Howell法による多重比較を行った。分析の結果，下降幅においては，水：いずれの群間でも有意差なし，胸：A群とB群，A群とC群との間で5％水準の有意差あり，山：A群とB群，A群とC群との間で5％水準の有意差あり，種：A群とB群，A群とC群，B群とC群との間で5％水準の有意差あり，雨：A群とB群，A群とC群，B群とC群との間で5％水準の有意差ありという結果となった。また，相対ピーク位置においては，水：A群とC群との間で5％水準の有意差あり，胸：A群とC群，B群とC群との間で5％水準の有意差あり，山：A群とC群，B群とC群との間で5％水準の有意差あり，種：A群とB群，A群とC群，B群とC群との間で5％水準の有意差あり，雨：A群とB群，A群とC群，B群とC群との間で5％水準の有意差ありとなった。

8　金田一春彦（1942）では「京浜アクセント」一帯を縦線で示しているが，視認性を考慮し，本著では白色で示した。

9　金田一春彦（1942）における調査対象者は1930年代程度，本分析の調査対象者1940年代程度であるため，両調査の対象者は世代が大きくは離れていないことになる。そのため，本稿ではこの結果を調査年の影響によるものとは捉えない。

10　アクセントが変化する過程において，高低差・下がり目位置ともにあいまいな段階を経る可能性のあることは，金田一春彦（1956）・佐藤亮一（1974）でも示唆され

ている。

11　埼玉特殊アクセント地域における共通語・東京中心部化は秋永一枝（1957）・加藤
　　正信（1970）・木野田れい子（1972）・都染直也（1983）・井上史雄（1984.02）・大橋
　　勝男（1984）・荻野綱男（1993）・大橋純一（1996）で，無アクセント地域における
　　共通語化は馬瀬良雄（1981），佐藤亮一（1984；1988；2011；2013），早野慎吾（1991；
　　2006），久野マリ子（2001）で述べられている。このように，明瞭ではないアクセン
　　トが出現する地域において報告されている「共通語化」が，本研究のような分析手
　　法を行った際，同一の現象として捉えられるかどうかについても，検討の余地があ
　　ると考える。

終章

　本書では，東京東北部・首都圏東部域の音調について，ゆれや音響的指標といった観点から分析を試み，「型」の出現だけでは捉えられないあいまいアクセントの特徴について多角的に検討を加えてきた。最後に，第1部・第2部の分析結果の比較を行い，そこからみえることを考察した上で，今後の課題について述べていきたい。

　第1部では，共通語・東京中心部アクセントにはみられない音調型やゆれといった指標から，当該地域アクセントの特徴を把握し，第3章において，大きく「共通語・東京中心部的特徴を示す話者群」と，「埼玉特殊アクセント的特徴を示す話者群」とに分類できることを述べた。

　第2部では，「下降幅」「相対ピーク位置」という，アクセントの弁別機能に関わる音響的指標を用いて分析を行い，第4章において，大きく「明瞭群」「高低差不明瞭群」「型区別不明瞭群」に3分類できることを指摘した。

　第1部・第2部で分析対象とする地域，ならびに分析に用いた指標に共通する部分はあるものの，それらは大きく異なるため，単純にこれらの分類を比較することは難しいが，共通する傾向として，"ゆれが小さく，明瞭なアクセント的特徴がみられる話者群"と，"ゆれが大きく，不明瞭なアクセント的特徴がみられる話者群"とに分類されることは共通するといえるだろう。すなわち，東京東北部を中心とする首都圏東部域アクセントは，「明瞭性」と「不明瞭性」の軸で捉えることができ，本書は，第1部・第2部を通して当該地域にみられるアクセントの「明瞭性」・「不明瞭性」を異なる視点・方法によって分析してきたものであるといえる。

　この「明瞭性」・「不明瞭性」という観点をとおしてみると，例えば東日本において東北を中心に分布する無アクセントは，型区別が不明瞭なタイプである「型区別不明瞭群」の不明瞭性が増し，アクセントの区別がまったくな

くなったタイプであると仮定できる。ここから，首都圏から関東，さらに東北に至る一帯のアクセントは，明瞭〜不明瞭〜無という連続的な段階のいずれであるかによって大きく区分できると考えられる。

　本研究では無アクセントが分布する地域を分析対象域としなかったため，型区別が不明瞭なタイプから無アクセントタイプに移行するプロセス（もしくはその逆のプロセス）の考察には至らなかったが，「高低差不明瞭群」から「型区別不明瞭群」に移行する「不明瞭化・あいまい化」のプロセスを手がかりにすると，下がり目の位置よりも，高低差による区別の方が残りやすいということができる。そのため，「型区別不明瞭群」から無アクセントタイプに移行する際は，「型区別不明瞭群」の高低差がほぼなくなるようなプロセスを辿る可能性が考えられる。

　さらに，無アクセントだけでなく，仮に一型アクセント・二型アクセントを「明瞭性」・「不明瞭性」という観点から分類すると，二型アクセントは高低差による区別のみが明瞭で，下がり目の位置による区分がないタイプ，一型アクセントはどちらの区別もなく，特定の音調のみが出現するタイプとして位置づけることが可能だと思われる。加えて，「非定形アクセント」（郡史郎，2006.08；2009）のようなタイプは，「語に固有の音調のパタン，つまりアクセントはあるものの，下降の有無は固定されていない」と指摘されているため，高低差が不明瞭，下がり目の位置間の距離が小さい（もしくはない）特徴を有する群として位置づけられると推測される。このようなタイプとして取り上げられている熊本市やその周辺の方言は，次末音節末尾か内部で下降が生じる音調が基本的にみられるものの，意味的限定関係により下降が目立たなくなるか，消失する傾向があるという。そのため，高低差が不明瞭，下がり目の位置間の距離が小さい（もしくはない）特徴を有する群として位置づけることが可能だと考えた。

　首都圏東部域に近接する北関東や東北では一型アクセントや無アクセントの出現が指摘されているが，非定形アクセントは首都圏・北関東・東北といった東日本での分布は今のところ報告されていない。しかし，山口幸洋（1975）では茨城の石岡市方言に「非弁別的」な「核的下降」が観察されることも報告されているため，従来あいまいアクセント・無アクセントが分布されると

指摘されてきた北関東から東北にかけての地域にも，詳細な調査・分析を行えば，「下降の有無は固定されていない」不明瞭なアクセント特徴を示すアクセントがみられる可能性もある。

　これらの推論は，あくまで首都圏東部域調査を対象とした本分析から導き出したものであるため，首都圏東部域と連続する北関東・東北などのより広い地域の調査・分析を行い，上述した推測が妥当かどうかの検証が必要になる。

　本研究で述べたアクセントの関係性が，全国のあいまいアクセント・無アクセント地域でみられるのかどうかについても，今後実際に調査して確認する必要があるだろう。あいまいアクセントが分布するとされる福井・静岡・和歌山・愛媛・南九州など（平山輝男，1942；1957；1960）は，いずれも無アクセントや明瞭アクセントが近接している。今回観察されたような結果は全国各地でみられるのか，みられるとしたらその背後にある要因は何なのか，またみられないとしたら首都圏東部域とどのような差異があり，それぞれの地域固有の特性を示す要因は何なのかなど，今後さらに調査を行った上で，考察を進めてみたい。

　さらに，第2部第3章や第4章では，あいまいアクセントとされた地域内にも多様なタイプが属することを指摘した。首都圏東部域から外れるものの，例えば栃木県内には一型アクセントでも「栃木県北部の頭高型」と「栃木県南部の尾高型」に二分することができるという指摘がある（河内秀樹，2001；2003）。さらに，明瞭なアクセント地域にもさまざまな指向性の話者が属することが，田中ゆかり（1999）で指摘されている。明瞭アクセントとされる東京・大阪方言間の比較において，同一のアクセント型でも音声的な違いがみられることも，郡史郎（2004.12）で明らかにされている。そのため，あいまいアクセント・無アクセントのみならず，明瞭アクセントと指摘されている地域でも，ゆれや音声実態を検討することによって，これまで一様に考えられていたアクセントをより詳細なものとして捉え直す余地は十分にあるだろう。本書では中心的に言及していないものの，首都圏東部域だけでなく，東京中心部の話者の明瞭性にも個人差があることが明らかになったことも，その一例として挙げることができる。馬瀬良雄・佐藤亮一編（1985），相澤正

夫（1996）でも，東京中心部アクセントに個人差がみられることが指摘されている。

　全国各地で生じている共通語化・東京中心部化も，音響的指標のような，詳細な指標から年層別の比較をすると，「雨傘モデル」（井上史雄，1998）のように同時並行的に生じているだけでなく，それぞれの地域で基盤となる方言的特徴が痕跡のような形で残存する可能性も考えられる。例えば，山形県鶴岡市においては，アクセントや音声項目の共通語化の「経路」に複線的な方向があることが指摘されている（野元菊雄・江川清，1974；国立国語研究所，1974）。ここでは同一地域内における複線的な変化傾向を指摘しているが，全国における変化傾向も，多地域・多人数における調査を行うことで把握できるようになると想定される。

　研究手法においてさらに試行するべき点もある。第一に考えられるのは，話者の発話と知覚との関連性である。本研究では話者の発話面から分析したため，聞き取り調査による分析結果との比較には至らなかった。首都圏のあいまいアクセント地域における聞き取り調査は都染直也（1983）・井上史雄（1984.02）で試みられているものの，その後は調査が行われていないため，現代における実態は未解明であるといえる。首都圏西部域では，聞き取りアンケート調査による分析を試みた研究（田中ゆかり，1998）があり，話者の使用意識やイメージも調査することで，変化傾向の推測を行っている。首都圏東部域においても，話者の発話面からだけでなく，聞き取りによる知覚・意識的な面からも変化傾向を分析することができれば，その傾向性をさらに詳細に把握できると考えられる。特定の音調に絞って全国的な分析を行うことで，各地域の音調受容実態を明らかにできることも，田中ゆかり（2013）で指摘されている。

　ただし，話者の型意識が明瞭ではなく，聞き取りによる結果が安定しない当該地域では，明瞭アクセント地域で試みられているような方法を試行しても，話者の知覚面における「あいまい性」を捉えられない可能性も考えられる。他地域の調査方法を踏襲しつつ，当該地域の特徴を捉えるためのアプローチはどのようなものが最適か，検討しながら調査を進めていきたい。

　また，あいまいアクセントの「あいまい性」は，単語単独発話や，短文発

話，言い切りの発話といった，形式面に左右されるところも大きく，さまざまなゆれが観察されることもこれまで言及されている（佐藤亮一，1968；1974；1984；1988；2006）。音響的指標を用いた形式間のゆれの傾向把握も本分析では十分に行えなかったものの，これは，第2部第3章で試みた語間距離・語内距離といった指標を形式間の距離に適用することで把握することが可能になると考える。今後，ゆれを客観的・定量的に捉えるための指標の一つとして検討したい。

　多くの発話形式からの検討を進める上では，郡史郎（2006.08；2009）で試みられているような，隣接文節の意味的限定やフォーカスの影響を受けて音調句がどのように形成されるのかといった，単語レベルよりも広い単位における音声実現形を調べることも必要になる。文末音調とアクセントの関連という点においては，首都圏で「とびはね音調」という新しい音調が出現していることが一例として挙げられる（田中ゆかり，1993.05；2005；2006；2007；2009）。この音調は，現代の若年層においては首都圏外の地域でも出現することが指摘されている（田中ゆかり・林直樹，2013）。アクセントが不明瞭な地域は文末音調の影響を受けて出現音調が変化する可能性も高いと考えられるため，アクセントとイントネーションの関係性の解明を視野に入れた調査も必要になるといえる。

　以上のように，本研究で明らかにしたことは，首都圏という地域や，アクセントの「あいまい性」・「明瞭性」という観点からみても，ほんの一部分に過ぎない。本書の中で試みた手法に留まらず，多角的に音調を分析することで，今後，その輪郭を立体的に浮かび上がらせていきたい。

引用文献

相澤正夫（1996）「尾高型アクセントの現在位置―『東京語アクセント資料』の分析―」徳川宗賢他編『言語学林1995-1996』，pp.683-695，三省堂.

秋永一枝（1957）「アクセント推移の要因について」『国語学』31［秋永一枝（1999）『東京弁アクセントの変容』pp.1-18，笠間書院による］.

秋永一枝（1994）「アクセント核の移りと聞こえの方言差―母音の無声化を中心に―」『音声の研究』23［秋永一枝（1999）『東京弁アクセントの変容』pp.163-175，笠間書院による］.

秋永一枝（1996）「東京弁アクセントから首都圏アクセントへ」徳川宗賢他編『言語学林1995-1996』三省堂［秋永一枝（1999）『東京弁アクセントの変容』pp.111-132，笠間書院による］.

秋永一枝（1999）『東京弁アクセントの変容』笠間書院.

秋永一枝編（1958）『明解日本語アクセント辞典』三省堂.

秋永一枝編（2001）『新明解日本語アクセント辞典』三省堂.

秋永一枝編（2004）『東京弁辞典』東京堂出版.

秋永一枝編（2007）『日本のことばシリーズ13　東京都のことば』明治書院.

秋永一枝編（2010）『新明解日本語アクセント辞典 CD付き』三省堂.

秋永一枝・佐藤亮一・金井英雄（1971）「利根川上・中流域のアクセント」九学会連合利根川流域調査委員会編『利根川―自然・文化・社会―』pp.164-175，弘文堂.

飯島一行（2000）「埼玉県東部地域のアクセント再考―＜久喜式アクセント＞の1～3拍名詞を手がかりに―」『日本方言研究会第70回研究発表会発表原稿集』，pp.1-84，日本方言研究会.

飯島一行（2001）「埼玉県越谷市旧増林村方言のアクセント」『日本語研究』21，pp.19-31，東京都立大学.

稲垣滋子（1984）「アクセントのゆれに関わる要素について」平山輝男博士古希記念会編『現代方言学の課題 第2巻』pp.281-307，明治書院.

井上史雄（1984.02）「アクセントの生成と知覚―関東における地域差と年齢差―」金田一春彦博士古稀記念論文集編集委員会編『金田一春彦博士古稀記念論文集 第2巻 言語学編』pp.119-153，三省堂.

井上史雄（1984.06）「埼玉県の方言」飯豊毅一・日野資純・佐藤亮一編『講座方言学5 関東地方の方言』pp.169-202，国書刊行会.

井上史雄（1988）「荒川流域の方言」埼玉県編『荒川総合調査報告書4　人文編3』pp.507-516，埼玉県.

井上史雄（1998）『日本語ウォッチング』岩波書店.

岩崎学・中西寛子・時岡規夫編（2004）『実用　統計用語事典』オーム社.

上野善道（1977）「日本語のアクセント」大野晋・柴田武編『岩波講座　日本語5　音韻』pp.281-321，岩波書店.

上野善道（1984）「新潟県村上方言のアクセント」金田一春彦博士古稀記念論文集編集委

　　　員会編『金田一春彦博士古稀記念論文集　第2巻（言語学編）』pp.390-
　　　347，三省堂．

上野善道（1989）「日本語のアクセント」杉藤美代子編『講座　日本語と日本語教育2
　　　日本語の音声・音韻（上)』pp.178-205，明治書院．

NHK放送文化研究所編（1998）『日本語発音アクセント辞典』日本放送出版協会．

大島一郎（1996）「東京都の言語実態」平山輝男博士米寿記念会編『日本語研究諸領域の
　　　視点　上巻』pp.584-603，明治書院．

大島一郎・久野マリ子（1999）「東京都の言語実態」佐藤亮一編『東京語音声の諸相（1)』
　　　科学研究費研究成果刊行書．

大嶋太市（2009）『測量学＜基礎編＞増補版』共立出版．

大野真男（1984）「埼玉県東北部における特殊アクセントの諸相―その曖昧化の過程―」
　　　平山輝男博士古希記念会編『現代方言学の課題 第2巻』pp.261-280，明
　　　治書院．

大橋勝男（1974-1976)『関東地方域方言事象分布地図1-3』桜楓社

大橋勝男（1984）「埼玉県東部アクセントについての方言地理学的研究―とくに二音節同
　　　音異義名詞アクセント事象の分布に注目して―」金田一春彦博士古稀記
　　　念論文集編集委員会編『金田一春彦博士古稀記念論文集 第二巻 言語学
　　　編』pp.89-117，三省堂．

大橋勝男（1989-1992）『関東地方域の方言についての方言地理学的研究1-4』桜楓社．

大橋純一（1995)「埼玉県蓮田市高虫方言のアクセント―二拍名詞の変化動向に注目して―」
　　　『音声学会会報』209，pp.24-32，日本音声学会

大橋純一（1996）「埼玉特殊アクセントの個人差と地域差―三領域間における二拍名詞の
　　　体系的変化動向を比較しつつ―」『国語学』187，pp.77-90，国語学会．

荻野綱男（1993）「流域の言語」『中川水系総合調査報告書2　中川水系 Ⅲ 人文』pp.951-
　　　962，埼玉県．

小沼民江・真田信治（1978）「大都市東京の北辺における方言分布の実態」『日本方言研究
　　　会第26回研究発表会発表原稿集』pp.20-28，日本方言研究会．

加藤正信（1970）「変化する郊外のことば」『言語生活』225，pp.64-72，筑摩書房．

加藤正信・城戸健一・牧野正三・佐藤和之・小林隆（1984）「曖昧音調地域における世代
　　　別アクセント推移の研究―山形県の有アクセント・無アクセント接触地
　　　帯の音相分析―」『応用情報学研究年報』10-1，pp.1-43，東北大学応用
　　　情報学研究センター．

亀田裕見（1998.01）「静岡県南伊豆町方言における音調バリエーションと基本周波数曲線
　　　―有核型の下降に関する形状と聞こえ―」『文教大学文学部紀要』11
　　　（2），pp.119-132，文教大学．

亀田裕見（1998.10)「静岡県南伊豆町方言における無核型音調の音響学的特徴と聞こえ」『文
　　　教大学文学部紀要』12（1），pp.1-17，文教大学．

亀田裕見（2006）「四国北東部における下降音調の音声学的比較：いわゆる「下降式」無
　　　核型と2拍目核型のF0値の動き」『音声研究』10（1），pp.5-18，日本
　　　音声学会．

亀田裕見（2014）「埼玉県特殊アクセントにおける3拍名詞の音調―久喜市高年層に見ら

　　　　　れるゆれとその解釈―」三井はるみ編『首都圏の実態と動向に関する研究　成果報告書　首都圏言語研究の視野』国立国語研究所共同研究報告13-02，pp.199-207，国立国語研究所.

川上蓁（1963）「ピッチ・グラムで見た日本語のアクセント」『音声の研究』10，pp.115-129，日本音声学会.

川上蓁（1984）「アクセント研究の問題点」『現代方言学の課題　第2巻』［川上蓁（1995）『日本語アクセント論集』pp.158-178，汲古書院による］.

川上蓁（1995）『日本語アクセント論集』汲古書院.

河内秀樹（2001）「関東北東域アクセント事象についての方言地理学的研究――一拍名詞にみる当域の傾向―」『現代社会文化研究』22，pp.221-236，新潟大学大学院現代社会文化研究科.

河内秀樹（2003）「関東北東域アクセント事象についての方言地理学的研究―二拍名詞にみる当域の傾向―」『新大国語』29，pp.54-70，新潟大学.

菊池英明・前川喜久雄・五十嵐陽介・米山聖子・藤本雅子（2003）「日本語話し言葉コーパスの音声ラベリング」『音声研究』7（3），pp.16-26，日本音声学会.

木野田れい子（1972）「埼玉県南埼玉郡久喜町のアクセント―曖昧アクセントから東京アクセントへ―」『都大論究』10［井上史雄編（1995）『日本列島方言叢書6　関東方言考2　群馬県・埼玉県・千葉県・神奈川県』pp.220-228，ゆまに書房による］.

金田一春彦（1942）「関東地方に於けるアクセントの分布」日本方言学会編『日本語のアクセント』中央公論社［金田一春彦（2005）『金田一春彦著作集　第八巻』pp.219-333，玉川大学出版部による］.

金田一春彦（1948）「埼玉県下に分布する特殊アクセントの考察」私家版［金田一春彦（2005）『金田一春彦著作集　第九巻』pp.552-620，玉川大学出版部による］.

金田一春彦（1956）「柴田君の『日本語のアクセント体系』を読んで」『国語学』26，pp.24-38，国語学会.

金田一春彦（1960）「房総アクセント再論―グロータースさんの「千葉県アクセントの言語地理学的研究」を読んで―」『国語学』40，pp.42-54，国語学会.

金田一春彦（1967）『日本語音韻の研究』東京堂出版.

金田一春彦（1974）「国語アクセントの史的研究―原理と方法―」塙書房［金田一春彦（2005）『金田一春彦著作集　第七巻』pp.11-310，玉川大学出版部による］.

金田一春彦（1977）「アクセントの分布と変遷」大野晋・柴田武編『岩波講座日本語11方言』岩波書店［金田一春彦（2005）『金田一春彦著作集　第八巻』pp.536-585，玉川大学出版部による］.

金田一春彦（2005）『金田一春彦著作集　第八巻』玉川大学出版部.

金明哲（2007）『Rによるデータサイエンス』森北出版.

久野マリ子（2011）「無アクセント方言における共通語アクセントの習得と要因」『国語研究』64，pp.64-75，國學院大學国語研究会.

久野マリ子（2013）「新東京都言語地図点描―音韻・アクセントといくつかの項目の分布から―」『国語研究』76，pp.16-40，國學院大學国語研究会.

倉沢進・浅川達人編（2004）『新編　東京圏の社会地図1975-90』東京大学出版会.

W. A.グロータース（1959）「千葉県アクセントの言語地理学的研究」『国語学』32，pp.17-34，国語学会．

郡史郎（2003）「イントネーション」上野善道編『朝倉日本語講座3　音声・音韻』，pp.109-131，朝倉書店．

郡史郎（2004.04）「東京アクセントの特徴再考―語頭の上昇の扱いについて―」『国語学』217，pp.16-31，国語学会．

郡史郎（2004.12）「東京っぽい発音と大阪っぽい発音の音声的特徴―東京・大阪方言とも頭高アクセントの語だけから成る文を素材として―」『音声研究』8（3），pp.41-56，日本音声学会．

郡史郎（2005）「韻律のスタイル的多様性と地域的多様性」『特定領域研究 韻律に着目した音声言語情報処理の高度化 平成12年度～平成16年度文部省科学研究費補助金 特定領域研究 研究成果報告書』

郡史郎（2006.01）「韻律的特徴の地域差」廣瀬啓吉編『韻律と音声言語情報処理―アクセント・イントネーション・リズムの科学―』pp.50-64，丸善．

郡史郎（2006.08）「熊本市および周辺の非定型アクセント方言における語音調と音調句の形成」『音声研究』10（2），pp.43-60，日本音声学会．

郡史郎（2009）「現代の宮崎市および周辺の方言における音調句の形状と，その一型・無アクセント諸方言内での位置づけ―読み上げ資料と自発談話資料からの中間的考察―」近畿音声言語研究会発表資料．

郡史郎（2011）「イントネーション」『音声学基本事典』pp.338-348，勉誠出版．

郡史郎（2012）「現代大阪市方言における低起式アクセントの特徴」『音声研究』16（3），pp.59-78，日本音声学会．

郡史郎（2013）「音声データの作成・分析」『日本語学　特集ことば研究の道具2013』32-14，pp.118-130，明治書院

国土交通省鉄道局監修（2010）『平成22年度 鉄道要覧』電気車研究会・鉄道図書刊行会．

国立国語研究所（1966-1974）『日本言語地図』大蔵省印刷局．

国立国語研究所（1974）『地域社会の言語生活―鶴岡における20年前との比較―』秀英出版．

国立国語研究所（1981）『大都市の言語生活　分析編』三省堂．

国立国語研究所（1989-2006）『方言文法全国地図』大蔵省印刷局．

佐藤和之・篠木れい子（1991）「無型アクセントの音相実態と共通語化―栃木県氏家町方言アクセントを例として―」『東日本の音声―論文編（1）―』文部省重点領域研究『日本語音声』A2班研究成果報告書，pp.25-48．

佐藤義治（2009）『シリーズ〈多変量データの統計科学〉2　多変量データの分類―判別分析・クラスター分析―』朝倉書店．

佐藤亮一（1968）「宮城県北部におけるアクセントの一側面―語単独の相と助詞を付けたときの相との違いに関して―」『聖和』7，pp.69-95，聖和学園短期大学．

佐藤亮一（1974）「アクセントの「ゆれ」をめぐって―曖昧アクセント地域を中心に―」『青山語文』4，pp.71-86，青山学院大学日本文学会．

佐藤亮一（1984）「無型アクセント地域におけるアクセントの共通語化―宇都宮市における小調査から―」平山輝男博士古希記念会編『現代方言学の課題　第2巻』pp.211-234，明治書院．

佐藤亮一（1988）「福井市およびその周辺地域におけるアクセントの年齢差，個人差，調査法による差」『国立国語研究所報告93　方言研究法の探索』pp.123-219，秀英出版.

佐藤亮一（2006）「平山先生との思い出」『日本語の研究』2（2），pp.6-9，日本語学会.

佐藤亮一（2011）「アクセント」『宮城県・山形県陸羽東線沿線地域方言の研究』，pp.20-38，東北大学国語学研究室.

佐藤亮一（2013）「方言アクセントの個人差―宮城県気仙沼市のアクセントについて―」『玉藻』47，pp.99-113，フェリス女学院大学国文学会.

佐藤亮一・今井紀子・上田美穂・加藤和夫・高野直美・三井はるみ・渡辺喜代子（1999）「東京都五日市町のアクセント」佐藤亮一編『東京語音声の諸相（1）』，pp.98-129.

柴田武（1983）「埼玉県南部・東京都北部地域の方言分布（2）―アクセント―」『埼玉大学紀要』19，pp.91-185，埼玉大学.

清水郁子（1970）「東京方言のアクセント」平山輝男博士還暦記念会編『方言研究の問題点』pp.135-172，明治書院.

杉藤美代子（1982）『日本語アクセントの研究』三省堂.

杉藤美代子（1998）「日本語アクセントの分析，合成および知覚」『日本語音声の研究5　「花」と「鼻」』pp.64-82，和泉書院.

竹内啓編（1989）『統計学事典』東洋経済新報社.

田中ゆかり（1993.05）「「とびはねイントネーション」の使用とそのイメージ」『日本方言研究会第56回研究発表会発表原稿集』［田中ゆかり（2010）『首都圏における言語動態の研究』pp.131-151，笠間書院による］.

田中ゆかり（1993.12）「方言接触からみた首都圏西部域のアクセント―2・3拍名詞の場合―」『音声学会会報』204［田中ゆかり（2010）『首都圏における言語動態の研究』pp.214-234，笠間書院による］.

田中ゆかり（1998）「社会言語学的調査―音声アンケート式調査の検討を中心に―」『日本語学』17（10），明治書院［田中ゆかり（2010）『首都圏における言語動態の研究』pp.25-34，笠間書院による］.

田中ゆかり（1999）「指向性解釈の可能性―首都圏西部域高年層アクセントデータによる検討―」『国語研究』62，國學院大學国語研究会［田中ゆかり（2010）『首都圏における言語動態の研究』pp.235-249，笠間書院による］.

田中ゆかり（2002）「気づきにくく変わりやすい方言」日本方言研究会編『21世紀の方言学』，p.337，国書刊行会.

田中ゆかり（2003）「形容詞活用形アクセントの複雑さが意味するもの―「気づき」と「変わりやすさ」の観点から―」［田中ゆかり（2010）『首都圏における言語動態の研究』pp.72-97，笠間書院による］.

田中ゆかり（2005）「世田谷区立中学校に通う中学生のアクセントとイントネーション―聞き取りアンケート調査による―」『論集』Ⅰ［田中ゆかり（2010）『首都圏における言語動態の研究』pp.167-189，笠間書院による］.

田中ゆかり（2006）「「とびはね音調」の採否とイメージ―東京首都圏西部域高校生調査から―」『語文』126［田中ゆかり（2010）『首都圏における言語動態の研究』

pp.152-166，笠間書院による].

田中ゆかり（2007）「「とびはね音調」の成立と拡張―アクセントとイントネーションの協同的（collaborative）関係―」今石元久編『音声言語研究のパラダイム』［田中ゆかり（2010）『首都圏における言語動態の研究』pp.190-212，笠間書院による].

田中ゆかり（2008）「「気づきにくく変わりやすい方言」―東京首都圏におけるⅠ類動詞連用形尾高型の消失―」［田中ゆかり（2010）『首都圏における言語動態の研究』pp.98-115，笠間書院による].

田中ゆかり（2009）「「とびはね音調」とは何か」『論集』Ⅴ［田中ゆかり（2010）『首都圏における言語動態の研究』pp.119-130，笠間書院による].

田中ゆかり（2010）『首都圏における言語動態の研究』笠間書院.

田中ゆかり（2011）『「方言コスプレ」の時代―ニセ関西弁から龍馬語まで―』岩波書店.

田中ゆかり（2012）「「方言」の受けとめかたの移り変わり―全国方言意識調査からみる年齢差・地域差―」『日本語学』31-11，pp.16-27，明治書院.

田中ゆかり（2013）「「とびはね音調」はどのように受けとめられているか―2012年全国聞き取りアンケート調査から―」相澤正夫編『現代日本語の動態研究』pp.211-235，おうふう.

田中ゆかり・林直樹（2013）「首都圏周辺部における新しい音調の受容パターン―「とびはね音調」と複合語アクセント―」『論集』Ⅸ，pp.17-30，アクセント史資料研究会.

田中ゆかり・前田忠彦（2012）「話者分類に基づく地域類型化の試み―全国方言意識調査データを用いた潜在クラス分析による検討―」『国立国語研究所論集』3，pp.117-142，国立国語研究所.

田中ゆかり・前田忠彦（2013）「方言と共通語に対する意識からみた話者の類型―地域の分類と年代による違い―」相澤正夫編『現代日本語の動態研究』pp.194-210，おうふう.

玉野和志・浅川達人編（2009）『東京大都市圏の空間形成とコミュニティ』古今書院.

地域批評シリーズ編集部（2009）『日本の特別地域特別編集 これでいいのか 東京都 足立区vs葛飾区vs江戸川区』マイクロマガジン社.

都染直也（1982）「東京北部及びその周辺地域におけるアクセントの実態」『日本方言研究会第34回研究発表会発表原稿集』，pp.47-54，日本方言研究会.

都染直也（1983）「合成音声によるアクセント研究―埼玉県東南部付近におけるアクセントの発話型と知覚型の比較―」『待兼山論叢』17，pp.21-42，大阪大学大学院文学研究科.

東京都教育委員会編（1986）『東京都言語地図』東京都教育委員会.

徳川宗賢（1974）「方言地理学と比較方言学」『学習院大学国語国文学会誌』［徳川宗賢（1993）『『方言地理学の展開』pp.57-83，ひつじ書房による］

徳川宗賢（1993）『方言地理学の展開』ひつじ書房.

中井幸比古（2012）「アクセント記号付き香川県伊吹島方言会話資料」『方言・音声研究』6，pp.33-42，方言・音声研究会.

日本方言研究会編（2005）『20世紀方言研究の軌跡』国書刊行会.

日本放送協会編（1966）『日本語発音アクセント辞典』日本放送出版協会.

野元菊雄・江川清（1974）「パターン分類による音声の分析―鶴岡市における共通語化の調査から―」国立国語研究所編『国立国語研究所報告51　電子計算機による国語研究Ⅵ』秀英出版.

林直樹（2012.03）「東京東北部高年層２拍名詞アクセントの実態」『語文』142, pp.91-69, 日本大学国文学会.

林直樹（2012.04）「東京東北部のアクセント―２拍名詞における２拍名詞における音調実態と年層差・地域差―」『日本語の研究』8（2）, pp.15-30, 日本語学会.

林直樹（2012.12）「東京東北部アクセントの分類とその変化プロセス―クラスター分析を用いた話者分類結果から―」『計量国語学』28（7）, pp.233-249, 計量国語学会.

林直樹（2014）「「あいまい性」を捉えるための音響的指標の検討と分析データの構築―首都圏東部域を中心として―」『語文』150, pp.168-150, 日本大学国文学会.

林直樹（2016.04）「音響的特徴からみた首都圏東部域アクセントの「あいまい性」―下降幅と相対ピーク位置を指標として―」『音声研究』20（1）, pp.16-25, 日本音声学会.

林直樹（2016.10）「音響的指標に基づく話者分類からみたあいまいアクセント―東京・千葉・埼玉の複数域を対象とした多人数調査結果から―」『日本語の研究』, 12（4）, pp.35-51, 日本語学会.

早田輝洋（1970）「東京アクセントのピッチ曲線」『文研月報』20（8）, pp.35-39, 日本放送協会放送文化研究所.

早野慎吾（1991）「無アクセント地域話者の共通語化―10代, 20代のアクセント獲得状況について―」『東日本の音声―論文編（1）―』文部省重点領域研究『日本語音声』Ａ２班研究成果報告書, pp.49-56.

早野慎吾（2006）「無アクセントの比較研究―栃木・茨城アクセントと宮崎アクセントの比較―」『地域文化研究』1, pp.23-32, 宮崎地域文化研究会.

平山輝男（1942）「「曖昧アクセント」に就いて」『コトバ』4（11）, pp.6-11, 国語文化研究所.

平山輝男（1957）『日本語音調の研究』明治書院.

平山輝男編（1960）『全国アクセント辞典』東京堂.

古井貞煕（1985）『ディジタル音声処理』東海大学出版会.

馬瀬良雄（1981）「言語形成に及ぼすテレビおよび都市の言語の影響」『国語学』125, pp.1-19.

馬瀬良雄・佐藤亮一編（1985）『東京語アクセント資料上巻・下巻』文部省科学研究費特定研究「言語の標準化」資料集.

松永修一（1994）「都城における韻律の変化について―若年層を中心にピッチ曲線から見た一考察―」『日本方言研究会第59回研究発表会』, pp.47-54, 日本方言研究会.

松原望・美添泰人編（2011）『統計応用の百科事典』丸善.

三樹陽介（2014）『首都圏方言アクセントの基礎的研究』おうふう.

三井はるみ編（2014）『首都圏の実態と動向に関する研究　成果報告書　首都圏言語研究

の視野』国立国語研究所共同研究報告13-02，国立国語研究所.

武藤眞介（2010）『統計解析ハンドブック　普及版』朝倉書店.

山口幸洋（1975）「一型アクセントをめぐる諸問題について」『国語学』102，pp.50-63，
　　　国語学会.

山口幸洋（1998）『日本語方言一型アクセントの研究』ひつじ書房.

吉田健二（1993）「埼玉特殊アクセントの崩壊過程」『国文学研究』111，pp.90-100，早稲
　　　田大学国文学会.

レイ. D. ケント・チャールズ. リード著・荒井隆行・菅原勉監訳（1996）『音声の音響分析』
　　　海文堂.

Everitt. B. S著・清水良一訳（2010）『統計科学事典　普及版』朝倉書店.

Keith Johnson（2008）*Acoustic and Auditory Phonetics Second Edition*, Blackwell
　　　Publishing.

H. Charles. Romesburg著・西田英郎・佐藤嗣二訳（1992）『実例クラスター分析』内田老
　　　鶴圃.

Larry E. Toothaker（1993）*Multiple Comparison Procedures*, SAGE Publications.

参考URL

国土交通省　http://www.mlit.go.jp/river

日本語研究・日本語教育文献データベース http://www.ninjal.ac.jp/database/bunken/

CiNii http://ci.nii.ac.jp/

初出一覧

序章　東京東北部・首都圏東部域音調の位置づけとその特徴
　　書き下ろし

第1部　東京東北部アクセントの多角的分析
第1章　東京東北部のアクセント──2拍名詞における音調実態と年層差・地域差──
　　林直樹（2012.04）「東京東北部のアクセント──2拍名詞における2拍名詞にお
　　ける音調実態と年層差・地域差──」『日本語の研究』8（2），pp.15-30，日
　　本語学会.
第2章　東京東北部高年層2拍名詞アクセントの実態
　　林直樹（2012.03）「東京東北部高年層2拍名詞アクセントの実態」『語文』
　　142，pp.91-69，日本大学国文学会.
第3章　東京東北部アクセントの分類とその変化プロセス──クラスター分析
　　　を用いた話者分類結果から──
　　林直樹（2012.12）「東京東北部アクセントの分類とその変化プロセス──ク
　　ラスター分析を用いた話者分類結果から──」『計量国語学』28（7），pp.233-
　　249，計量国語学会.

第2部　音響的特徴からみたあいまいアクセントと明瞭アクセントの関係
　　　性──首都圏東部域を中心として──
第1章　アクセントの「あいまい性」を捉えるための音響的指標の検討と分
　　　析データの構築──首都圏東部域を中心として──
　　林直樹（2014.12）「「あいまい性」を捉えるための音響的指標の検討と分析
　　データの構築──首都圏東部域を中心として──」『語文』150，pp.168-150，
　　日本大学国文学会.
第2章　音響的特徴からみた明瞭アクセント・あいまいアクセントの関係性
　　　──下降幅と相対ピーク位置を指標として──

林直樹（2016.04）「音響的特徴からみた首都圏東部域アクセントの「あいまい性」——下降幅と相対ピーク位置を指標として——」『音声研究』20（1），pp.16-25，日本音声学会.

第3章　音響的特徴によるアクセントの型区別・ゆれの把握——語間距離・語内距離を用いた検討——

林直樹（2016.12）「音響的特徴による型区別・ゆれの指標化——語間距離・語内距離を用いた検討——」『語文』，156，pp.114-94，日本大学国文学会.

第4章　首都圏東部域アクセントの「あいまい性」・「明瞭性」——音響的指標に基づく分類結果から——

林直樹（2016.10）「音響的指標に基づく話者分類からみたあいまいアクセント——東京・千葉・埼玉の複数域を対象とした多人数調査結果から——」『日本語の研究』，12（4），pp.35-51，日本語学会.

終章
　書き下ろし

あとがき

　まず，本書の第1部・第2部で実施したどちらの調査においても，多くの方々にご協力を頂戴したことについて，御礼申し上げる。すべての方々のご協力がなければ，本書と，その基となった論文を執筆することはできなかった。直接調査にご協力いただいた方だけでなく，ご協力いただける方をご紹介くださったり，調査場所をご提供くださった方もいらっしゃった。お一人ずつお名前を挙げることができず大変恐縮ではあるが，ここで改めて感謝申し上げたい。以上の方には，調査の内外を問わず，生来の不躾さから種々の失礼を働き，ご迷惑をおかけしたことと思う。いただいたご温情に報いるよう，またこれからもお付き合いができるよう，引き続き研究に励んでいきたい。

　本書に収録された論文の執筆，ならびに学会発表においては，さまざまな方にご助言いただいた。これらの方々にも，御礼申し上げる。ご助言いただいたことを十分に理解し，反映できているかどうかは心許ないが，研究を進める上での何よりの指針となっている。もちろん，本書に含まれる誤りはすべて著者の責任に帰する。

　共同研究などに参加することをご許可くださり，調査や発表の機会を与えてくださった先生方にも，感謝申し上げる。

　本書は博士論文を基に加筆・修正を行ったものであるが，学部時代からご指導いただき，博士論文の主査をご担当いただいた田中ゆかり先生には，格別の御礼を申し上げる。先生のご指導がなければ本著，ならびに博士論文を書き上げることなど到底できなかったし，そもそも，今の自分の人生はないと言い切れる。あまりお応えできておらず申し訳ない限りではあるが，いつも最大限のご指導をいただいていること，この場を借りて心から感謝申し上げたい。

　副査をご担当いただいた荻野綱男先生にも，学部の時から細やかなご指導をいただいていること，御礼申し上げる。知らず知らずのうちに叩き込んで

いただいた「荻野式」は，研究を行う上での確かな基盤となっており，本書にもそれが通底している。学部・大学院，そして現在に至るまで，田中先生と荻野先生のお教えを受けていることは，わたしが唯一誇れる財産である。

また，大阪大学大学院教授の郡史郎先生にも博士論文の副査をお務めいただき，さまざまなご助言を頂戴した。思い返せば，大学院に入って初めて学外で発表したのも郡先生主催の研究会であった。その頃から折に触れてご指導いただいていること，深く感謝申し上げる。

巻末の英文要旨の作成には，コネチカット大学客員助教授のマイケル・チャン氏にご協力いただいた。チャン氏も，わたしが院生のころからスライドや英文要旨の作成に手を貸してくださっている。わたし自身が気づかないような細かい点までご指摘くださり，的確に訳出してくださること，御礼申し上げる。

刊行にあたっては，笠間書院の重光徹氏にご尽力いただいた。細やかなアドバイスにより刊行まで導いてくださったこと，御礼申し上げる。

ここに挙げられなかった方々も含め，周りの方の日頃からのお力添えと激励があって，何とかここまでやって来られた。自分一人の力で立っているとはとても言えない現状ではあるため，これからも少しずつ努力を続け，地道にでも成長をすることで，恩返しをさせていただきたい。

なお，本書は日本学術振興会科学研究費研究成果公開促進費（16HP5057）の助成を受けて発行されたものである。また，研究成果には科学研究費若手研究（B）「首都圏東部域音調の多角的研究」（課題番号16K16846，代表者：林直樹）の助成によるものを含む。

Pitch Accents in the Eastern Tokyo Metropolitan Region
Abstract

Part 1, Chapter 1: Defining the Tokyo Northeastern Regional Accent: Accent Patterns of Two-Mora Nouns and Generational/Regional Difference

In order to discern the overall trends of the Tokyo Northeastern regional accent, an analysis was carried out on data from 87 young, middle-aged, and elderly individuals born and raised in the region. This data was analyzed according to three aspects: accent pattern, generational difference and regional difference.

The results of this analysis displayed a trend wherein the Tokyo Northeastern regional accent—although it continues to standardize and transition towards the Tokyo Central regional accent—maintains characteristics of Saitama accent such as "formal variation" and "Group IV/V end-high forms." These trends are particularly noticeable in the elderly. Based on the above results, the following is clear:

1. The transition process from a vague accent reminiscent of Saitama accent to one that is clearly from the Tokyo Central region can be explained as a process that erases "same word variation" and "formal variation."
2. The discontinuous nature of the accent's geographical distribution can be explained by urbanization due to the establishment of the railroad network.

Part 1, Chapter 2: Two-Mora Noun Accent Patterns among the Elderly in the Tokyo Northeastern Region

This chapter focuses on accent data from 44 elderly individuals from Tokyo's Northeast region, where characteristics of Saitama accent and vague accents frequently appear, and reports on the accent forms and formal variation that appear in two-mora nouns when both isolated and occurring in short phrases.

Based on a confirmation of the accent forms and formal variation that appear, a trend was confirmed where Group IV/V words occur with a HL pattern when isolated, and with a LHL pattern in short phrases. Moreover, after confirming the geographical distribution of the results, characteristics of Saitama accent were observed around the border between Tokyo and Saitama. In the area adjacent to Tokyo's central region, as well as in areas where Tokyo Central regional accent is often used, characteristics of the standard accent and Tokyo Central regional accent were observed.

The above points to the possibility that, particularly in the case of Group IV/V two-mora nouns, a fundamental accent called "Clause Ending Form -2 [-2 accent pattern]" may influence the distribution of vague accents in the region. Also, even in regions where Saitama accent characteristics manifest, differing accent types were observed. This also refer to the fact that, in regions where Saitama accent characteristics do not manifest, the acquisition of new forms from Tokyo Central region were observed.

Part 1, Chapter 3: Typology of the Tokyo Northeast Accent and its Process of Change: Results from a Speaker Typology Based on Cluster Analysis

In order to clarify the directionality of changes to the Tokyo Northeast regional accent, a speaker typology was carried out based on cluster analysis using accent data from 44 elderly individuals from Tokyo's Northeast region, where characteristics of Saitama accent and vague accents appear. In addition, based on comparisons to prior research, the types and typology indicators of the accents in this area were examined.

As a result of the speaker typology, accents from this area were typified into four groups: "Saitama Accent Speakers," "Quasi-Saitama Accent Speakers," "Quasi-Standard/Tokyo Central Regional Accent Speakers" and "Standard/Tokyo Central Regional Accent Speakers." Moreover, the analysis of each group indicates the importance of the following characteristics:

1. Among Group IV/V phrases, the -2 accent pattern form characteristic of the regional accent changes to the 1 accent pattern of the Standard/Tokyo Central regional accent.

2. Form variation, which demonstrates an unclear formal awareness, disappears.
   Based on the above, we presume a process of standardization to the Standard/Tokyo Central regional accent by which the regional accent moves from "Saitama Accent Speakers" to "Quasi-Saitama Accent Speakers" to

"Quasi-Standard/Tokyo Central Regional Accent Speakers."

Part 2, Chapter 1: An Examination of Acoustic Indicators to Grasp the "Vagueness" of Accents and the Construction of Data for Analysis Centered on the Eastern Tokyo Metropolitan Region

In this chapter, an examination of acoustic indicators was carried out with the aim of grasping objectively the "vagueness" that occurs in accents of the Eastern Tokyo Metropolitan Region. Following the example of prior research, used "drop range" and "relative peak placement" as indicators to grasp the "vagueness" of accents. Drop range concerns whether an acoustic decline exists or not, and relative peak placement is a characteristic related to the placement of that acoustic decline. Based on these characteristics, it should be possible to discern the subtleties of high-low differences, as well as the factors that contribute to the difficulty in comprehending accents from this region. The methods of data construction and voice data tagging used to calculate these indicators are also recorded here.

The results of this trial run demonstrate that it is possible to grasp the characteristics of accent forms that appear in the Standard/Tokyo Central regional accent based on the two indicators of "drop range" and "relative peak position." Moreover, small drop range utterances and utterances where relative peak position approximates different accent forms were observed, and these utterances may be a factor contributing to the "vagueness" of accents in the Eastern Tokyo Metropolitan Region. These examinations indicate the necessity of considering drop range and relative peak position together in order to clarify the "vagueness" of the Eastern Tokyo Metropolitan Region.

Part 2, Chapter 2: The Relationship between Clear Accents and Vague Accents Seen in Acoustic Characteristics Using Indicators of Drop Range and Relative Peak Position

In order to explicate the "vagueness" seen in the Eastern Tokyo Metropolitan Region Accents, an analysis was carried out using the two acoustic indicators of drop range and relative peak position. During the analysis, speakers from the Tokyo Central region were used in order to grasp comparatively the characteristics of speakers from the Eastern Tokyo Metropolitan Region.

Based on the analysis results, speakers of the Eastern Tokyo Metropolitan Region display a smaller drop range and an unclear distinction of each respective form in terms of relative peak position. In addition, the relative peak position was confirmed by the large acoustic variation for each respective word. By analyzing drop range and relative peak position together, a clear appearance trend of these two indicators for each respective word among speakers of the Eastern Tokyo Metropolitan Region could not be found, and it was clear instead that they displayed continuous characteristics.

According to the above results, the relationship between the vague accents and clear accents seen in this region may be characterized using drop range and relative peak position. In addition, the analytical results of combining the two indicators imply that the vague accents that appear in the Eastern Tokyo Metropolitan Region maybe typified into different types.

Part 2, Chapter 3: Formal Distinction and Acoustic Variation of Accents Based on Acoustic Characteristics: A Consideration of Inter- and Intra-word Distance

This chapter attempts to use acoustic indicators to clarify tendencies of "formal distinction" and "acoustic variation," which have up until now been analyzed in accent research using speaker awareness or the judgment of researchers themselves. The subjects of this analysis are speakers from the Eastern Tokyo Metropolitan Region, designated as speakers of "vague accents," as well as speakers from Tokyo's central region, designated as speakers of "clear accents."

This analysis takes up the acoustic indicators of drop range and relative peak position, and calculates for each of these two indicators the "interword distance," which reflects the tendency of formal distinction, and the "intraword distance," which reflects the tendency of acoustic variation. Based on this analysis, interword distance is comprehensively large in speakers from Tokyo's central region, and small in speakers from the Eastern Tokyo Metropolitan Region. On the other hand, intraword distance for tail-high forms (-2) equivalents is large in the Eastern Tokyo Metropolitan Region. Finally, total indicators from inter- and intra-word distance were calculated, and from those results Tokyo central region speakers could be abstracted as mostly speakers for whom formal distinction was clear and acoustic variation was difficult. On the other hand, Eastern Tokyo Metropolitan Region speakers, compared to Tokyo central region speakers, showed unclear formal distinction and individual differences in variation.

The above results confirm that the "vagueness" of the formal distinctions occurring in the Eastern Tokyo Metropolitan Region, previously indicated to be vague accents, may instead be grasped as acoustic indicators. However, a consolidated regional difference in acoustic variation could not be seen, and individual difference was more extreme than geographical difference in the accents of the region. This implies that the clarity of formal distinction and the level of acoustic variation function as different sides of this "vagueness."

Part 2, Chapter 4: "Vagueness" and "Clarity" in Eastern Tokyo Metropolitan Region Accents in Analysis Results Using Acoustic Indicators

In this chapter, a multivariate cluster analysis was conducted using the acoustic indicators used in the analyses of Part 2 as variables. This analysis was done in order to typify the accents of the Eastern Tokyo Metropolitan Region and Tokyo Central Region.

As a result of multivariate cluster analysis, the group of speakers studied were typified into three groups. Based on the appearance trends of acoustic indicators, the typified speaker groups were divided into three groups: "clear group," "unclear high-low difference group," and "unclear formal distinction group." Based on a detailed analysis of acoustic indicators, the drop range of the "clear group" was large, and the relative peak position displayed a large distance between forms. On the other hand, the two "unclear groups" showed a small high-low difference, and the "unclear formal distinction group," in addition to the small size of the high-low difference, also displayed a small distance between forms in terms of relative peak position. Each of these typified speaker groups was overlaid on a map in order to visualize the individual variation characteristic of vague accents. Finally, after ordering each group from the analysis according to level of high-low difference and the difference in acoustic decline placement, the changes to the accents in this region could be grasped anew as a linked relationship between multiple acoustic indicators.

索 引

著者略歴

林　直　樹 （はやし・なおき）

1986年生まれ。東京都江戸川区で生育。
日本大学大学院文学研究科博士後期課程中途退学。
2015年、博士（文学・日本大学）取得。
2013年度から日本大学文理学部助手。

共著に『日本のことばシリーズ14　神奈川県のことば』（明治書院、2015年）がある。

首都圏東部域音調の研究
Pitch Accents in the Eastern Tokyo Metropolitan Region

2017年（平成29）2月28日　初版第1刷発行

著　者　林　　直　樹

装　幀　笠間書院装幀室
発行者　池　田　圭　子
発行所　有限会社 **笠間書院**
〒101-0064　東京都千代田区猿楽町2-2-3
☎03-3295-1331　　FAX03-3294-0996
振替00110-1-56002

ISBN978-4-305-70832-8　　組版：ステラ　印刷／製本：モリモト印刷
©HAYASHI 2017
落丁・乱丁本はお取りかえいたします。　　（本文用紙：中性紙使用）
出版目録は上記住所までご請求下さい。http://kasamashoin.jp/